Rosenblatt · Gestalttherapie für alle Fälle

Dr. Daniel Rosenblatt (1925-2009) wurde in Detroit / Michigan geboren. Er studierte in Harvard und Cambridge und erlernte Gestalttherapie bei Laura Perls. Nach einer langjährigen akademisch-wissenschaftlichen Tätigkeit arbeitete er weit mehr als 40 Jahre in seiner privaten psychotherapeutischen Praxis in New York. Er war ein „Fellow" und ehemaliger Vizepräsident des New Yorker Instituts für Gestalttherapie und leitete Ausbildungsgruppen in Gestalttherapie in den USA, Europa, Australien und Japan.

Neben „Gestalttherapie für alle Fälle" veröffentlichten wir in der Edition GIK von Daniel Rosenblatt u. a.: „Gestalttherapie für Einsteiger. Eine Anleitung zur Selbstentdeckung" und „Meine Wildnis ist die Seele des Anderen" über Laura Perls' Weg zur Gestalttherapie.

Daniel Rosenblatt

Gestalttherapie für alle Fälle

Eine Anleitung zum selbstbestimmten Leben

Herausgegeben und mit einem Beitrag
von Erhard Doubrawa

gikPRESS

Originaltitel:
YOUR LIFE IS A MESS: And What to Do About It,
Perennial Library – Harper & Row, Publishers, New York 1976.
Aus dem Amerikanischen von Ludger Firneburg.

Für Diana

NACHDRUCK
der 2008 erschienenen Ausgabe
© Daniel Rosenblatt, 1976, 2008,
The Daniel Rosenblatt Foundation 2017
© für die deutschsprachige Ausgabe:
Erhard Doubrawa, 2008, 2017
gikPRESS, Ludwig-Erhard-Str. 8, 34131 Kassel
Herausgeber der gikPRESS: Erhard Doubrawa
Alle Rechte ausdrücklich vorbehalten
Umschlag unter Verwendung eines Acrylbildes
der Künstlerin Georgia von Schlieffen (siehe S. 6)
Herstellung und Verlag:
BoD – Books on Demand, Norderstedt
ISBN: 978-3-7448-7057-3

INHALT

Zur Künstlerin des Covers

GEORGIA VON SCHLIEFFEN

Georgia von Schlieffen, geb. 1968. »Seit meiner Studienzeit intensive Beschäftigung mit der Malerei. Jedoch ging ich erst einmal ganz andere Wege über ein Studium der Vergleichenden Religionswissenschaft und der Inter-nationalen Beziehungen und einer mehrjährigen Tätigkeit im Bereich Projektmanagement und Flüchtlingsarbeit für mehrere Nichtregierungsorganisationen. 2010 nahm ich an Studienwochen bei Markus Lüpertz und Gotthard Graubner an der Reichenhaller Akademie teil. Ab 2011 studierte ich Malerei bei Professor Jerry Zeniuk, Akademie für Farbmalerei, Kunstakademie Bad Reichenhall, und derzeit bei Heribert C. Ottersbach.«

Georgia von Schlieffen illustrierte zwei Lyrik-Bände von Stefan Blankertz, »*Ambrosius: Callinische Hymnen*« und »*Ruan Ji: Zustandsbeschreibungen*« sowie den Gedichtband »*kleine gebete*« von Paul Goodman, der in der gikPRESS erschienen ist.

Bitte besuchen Sie die Seite der Künstlerin auf theartstack.com oder verbinden Sie sich auf linkedin.com mit ihr.

GELEITWORT

Dan Rosenblatt legt mit *„Gestalttherapie für alle Fälle: Eine Anleitung zum selbstbestimmten Leben"* ein Buch vor, in dem er auf poetische Art und Weise an seinem großen Erfahrungsschatz über das menschliche Leben teilhaben lässt. Es ist wie ein Gedicht geschrieben – ein Gedicht, in dem über Themen, die uns alle betreffen, wie Verantwortung, Schulderleben, Angst, Depression und Leid „gesprochen" wird, und in dem Sie eingeladen werden, sich berühren zu lassen und über sich selbst nachzudenken.

Dan Rosenblatt ist Gestalttherapeut. So sind all seine Erfahrungen, die Sie in diesem Kunstwerk entdecken können, von der Gestalttherapie beeinflusst. Es ist nur allzu natürlich, dass Sie die Frage stellen, was denn Gestalttherapie eigentlich ist: Ab Seite 85 finden Sie, liebe Leserinnen und Leser, deshalb eine kurze Einführung in die Gestalttherapie von Erhard Doubrawa.

An dieser Stelle nur soviel: Die Gestalttherapie, eine psychotherapeutische Methode, lebt vom und durch den *Kontakt* zwischen dem Therapeuten und dem Klienten; ihr liegt eine *dialogische Haltung* zugrunde. Etwas praktischer ausgedrückt: Ich bin Gestalttherapeutin; in meiner Praxis spreche ich mit meinen Klienten. Ich begleite meine Klienten darin, zu entdecken, wie sie das Problem, das sie zu mir führt, auf eine für sie passende Weise lösen können. Ich begreife mich nicht als Wissende, sondern ich bin die Begleiterin in einem Suchprozess. Und diese Haltung zeichnet Dan Rosenblatt in seiner Arbeit als Gestalttherapeut wirklich aus. Ich habe seine großzügige, respektvolle und aufregende Arbeit am eigenen Leib erfahren dürfen und bin sehr dankbar dafür. In einem Workshop in Miami hat er eine Gruppe mit Teilnehmern aus verschiedenen Ländern geleitet, von denen ich eine war. Dan hat uns stets liebevoll und aufmerksam in unseren Arbeiten begleitet und sich uns interessiert und kontaktvoll zugewandt. Er hat uns eingeladen und ermutigt, unsere Lebensthemen zu erforschen und unser Leben selbst mehr in die Hand zu nehmen.

In diesem Buch wird die interessierte, kontaktvolle Haltung, die Dan Rosenblatt seinen Klienten entgegen bringt, spürbar. Es ist, als spräche er zu dem Leser. Fast wirkt es, als wende er sich dem Einzelnen direkt zu – mit seinen Einladungen und Anregungen. Allein, der wirkliche und einzigartige Dialog zwischen dem Klienten und dem Therapeuten, der in der Gestalttherapie möglich ist, kann durch ein Buch leider nicht entstehen. Ein Buch kann jedoch berühren, innere Suchprozesse anregen und das Denken des Lesers über sich selbst verändern. Und das wird beim Lesen von Dan Rosenblatts „Gestalttherapie für alle Fälle" sicher geschehen.

„Gestalttherapie für alle Fälle" – ein reißerischer Titel, mögen Sie sagen. Und Sie mögen fragen: Hilft dieses Buch wirklich in allen Fällen? Ja, es kann hilfreich in allen Fällen sein, in denen Sie nicht auf Ihre Wahrnehmungen achten, speziell auf Ihre Gefühle, die Ihnen hautnah Auskunft geben über sich selbst. Sie geben Auskunft über Ihre Impulse und Wünsche, Ihre Bedürfnisse und Sehnsüchte. Ihre Gefühle erzählen über Ihre Welt und darüber, was Sie erleben. Indem Sie Ihren Gefühlen Aufmerksamkeit widmen und sie annehmen, können Sie lernen, was der nächste sinnvolle Schritt für Sie ist. Dieses Buch von Dan Rosenblatt kann Ihnen Anregungen geben, wie das möglich ist.

Ab Seite 71 finden Sie in einem Interview, das David Van Nuys mit Dan Rosenblatt im Shrink Rap Radio geführt hat, mehr Informationen über diesen erfahrenen Gestalttherapeuten und lebenserfahrenen Menschen.

Dieses Buch ist als deutsche Erstveröffentlichung in der Edition GIK erschienen. Ich bin sehr froh, dass es nun wieder in der neuen Edition gikpress verfügbar ist. Ich wünsche Ihnen, liebe Leserinnen und Leser, dass Sie Anregungen und Hilfestellungen darin finden werden. Sollte Ihr Interesse geweckt worden sein, eine Gestalttherapeutin oder einen Gestalttherapeuten aufzusuchen, um sich bei Ihrer Selbstentdeckung unterstützen zu lassen, gibt es für Sie am Ende des Buches einen Hinweis, wie Sie einen Therapeuten in Ihrer Region finden können.   *Anke Doubrawa, Gestalttherapeutin*

1

DEIN LEBEN IST EIN FIASKO

Ein richtiges Fiasko.
Ein sinnloses, unangenehmes, ekliges Fiasko.
Ein armseliges Fiasko.

Du fühlst dich hilflos.
Als Opfer.
Es ist ja nicht deine Schuld.

Gut – hier und da,
ab und zu,
nur ganz selten,
hast du vielleicht
ein kleines bisschen,
aber wirklich nur
ein kleines bisschen
damit zu tun, dass dein Leben ein solches

FIASKO
ist.

Auf der anderen Seite
könnte es aber auch sein
– möglich,
ja sogar wahrscheinlich,
und überhaupt kein Zufall –,
dass du
ziemlich viel damit zu tun hast,
dass dein Leben
ein solches

FIASKO
ist.

Was wäre, wenn du beschließen würdest,
dass du für dein Leben verantwortlich bist?

Was wäre, wenn du
   nur du
      ganz allein
und ohne große Hilfe
   von anderen
dein Leben
zu einem solchen Fiasko gemacht hättest –

TROTZ aller guten Vorsätze?

Angenommen, du hättest dieses Fiasko selber gemacht.

Du wärst nicht der einzige. Vielen Menschen fällt es leicht,
ihr Leben zu verpfuschen.

Das kannst du sogar tun, ohne es selbst zu bemerken.

Wenn du dich
schlecht fühlen willst,

dann

gibt es dafür
viele, viele Möglichkeiten:

Du kannst dafür sorgen, dass du dich:
  ängstlich
  deprimiert
  verletzt
  schuldig
gelangweilt
empört
beschämt
wütend
fühlst.

Du kannst
  dich sorgen
  leiden
  krank werden
  dich zurückziehen.

Wenn du also das Gefühl hast, dass dein Leben ein Fiasko ist,
aber gleichzeitig siehst, dass du dich selbst auch noch dafür bestrafst,

dann
bist du nicht hilflos,

sondern dafür
VERANTWORTLICH,

dass du dich selbst
bestrafst.

Die meisten Leute, die sich selbst bestrafen,
merken es nicht einmal.

Vielleicht weißt du nicht
wie du dich selbst bestrafst,

oder

wofür es gut ist,
dass du dich selbst bestrafst,

wenn du aber verstehst,
dass du selbst dafür
VERANTWORTLICH
bist,
dass du dich bestrafst.

Wenn du anfangen kannst,
es so zu betrachten,

dann kannst du vielleicht auch
anfangen
zu sehen,

dass du auch
dafür verantwortlich bist,

dich zu belohnen,
auf dich zu achten
und
dich nicht zu bestrafen.

Wenn du das
wirklich
verstehst,

dann ist bei dir gerade

etwas   Wichtiges
        Wesentliches
        Aufregendes

etwas Wunderbares
und Befreiendes

geschehen.

Hast du es gemacht?
Hast du es zugelassen?
Warst du dafür verantwortlich, dass es geschehen konnte?

Augenblick mal:
Was ist es?

„Es" zu sagen, kann heißen:
dich zu verlieren

zu verachten
was du getan hast

dich von deinen Gefühlen
abzuhalten

deine Gedanken
zu vermeiden.

Angenommen, du würdest
laut sagen:

ICH
Habe mich verändert

ICH
Habe
Mich
Verändern
Lassen

ICH
Habe zugelassen
Dass ich
Mich verändere

ICH
Habe
Meine Lebensweise
Verändert

Wie fühlt es sich an,
für es verantwortlich zu sein?

Wie wäre es, wenn ich stattdessen sagen würde:

Wie fühlst du dich dabei,
für dein Leben
verantwortlich
zu sein?

Macht das einen Unterschied?
Angenommen, ich verändere auch diesen Satz:

Erkennst du den Unterschied?
Oder noch besser:
Fühlst du den Unterschied?

Du kannst dich
vor dem, was du

fühlst
    und
denkst

verstecken,
indem du Sprache

als

Schranke
Sperre
Hindernis

benutzt.

Wenn du
    du, ganz alleine
deine
Worte
    und
deine Sprache
benutzt, um

deine

Gefühle
und
Gedanken

zu verbergen,

dann
bist
du
dafür verantwortlich,
dass du
dich selbst
vor dir selbst
und vor anderen
versteckst.

Dir selbst klar zu machen,
dass du
für dich selbst
verantwortlich
bist,

ist wichtig,

damit

du

Verantwortung dafür übernehmen kannst,
dass du

ängstlichdeprimiertverletztschuldig
gelangweiltempörtbeschämtwütend bist
dichsorgstleidestkrankwirstdichzurückziehst

oder

NICHT
ängstlichdeprimiertverletztschuldig
gelangweiltempörtbeschämtwütend bist
dichsorgstleidestkrankwirstdichzurückziehst.

Jetzt werden wir uns anschauen,
wie du daran arbeiten kannst,
dein Leben nicht zu einem Fiasko zu machen,
indem du

krankwirstdichlangweilst
dichschuldigfühlstsorgstängstlich bist
etcetcetcetcetc.

Und du bist dafür verantwortlich,
ob du das, was ich dir zeige
für dich nutzen willst
oder nicht.

Das ist dein Leben.
Du machst dein Fiasko – oder du löst es auf.
Du kannst dieses Buch für dich nutzen – oder auch nicht.

2

ANGST

Angst
ist ein sehr praktisches
Wort.

Hinter der
Angst
kannst du vieles verstecken.

Angst
ist ein gutes Wort
um sich dahinter zu verstecken,

weil

keiner so genau weiß, was
Angst
eigentlich ist

oder
was
Angst
bedeutet.

Wenn Menschen sagen, dass sie

ängstlich

sind,

fühlen sie sich meistens

unklar
besorgt
unsicher
bedroht
hilflos

aber nur ein bisschen so.

Wenn Menschen sagen, dass sie

sehr ängstlich

sind,

fühlen sie sich meistens

panisch
voller Schrecken
sehr bedroht

kurz davor zu ersticken
    einen Herzinfarkt zu bekommen
    zu sterben.

Angst
ist eines der Gefühle, die wir

in unterschiedlichen Situationen
aus unterschiedlichen Gründen

erzeugen.

Das beste Mittel, um
Angst
zu bekommen ist:

nicht mehr zu atmen.

Probiere es aus. Jetzt.

Halte so lange du kannst die Luft an.
Stell dir vor, du würdest nie wieder atmen.
Und halte die Luft an. So lange du kannst.

Und jetzt atme!

Hast du die

Angst

gespürt – beim Luftanhalten?

Wenn nicht, mach dieses Experiment noch einmal.

Eine andere Möglichkeit, um Angst zu bekommen, ist
ganz kurze, schnelle Atemzüge zu machen.
Probier's aus.

Wenn Menschen Angst haben zu ertrinken,
Wenn sie spüren, dass die Luft verschmutzt ist,
Wenn sie mit der Achterbahn fahren,

dann verändern sie meistens
ihre Atmung.

Sie können   aufhören zu atmen
kurz und schnell einatmen
kurz und schnell ausatmen.

Sie können sich selbst
Angst machen.

Wann immer du
Angst
hast,
achte auf deine Atmung.

Schau, ob du dir deiner Atmung
gewahr werden kannst.

Dann schau, ob du deine Atmung verändern kannst.

Jetzt schau, ob du sämtliche Luft
aus deinem Bauch pressen kannst.
Drücke, presse sie heraus.

Schau, ob du das drei Minuten lang
durchhältst.

Wie fühlst du dich?

Ich wette, du fühlst dich nicht ängstlich.

Ich wette, du fühlst dich
   erregt
   frisch
   gesund
   lebendig.

Es ist sehr wichtig, wie du atmest.

In Indien bezeichnet ein und dasselbe Wort
sowohl Atem als auch Seele.

Im Hebräischen bezeichnet ein und dasselbe Wort
sowohl Atem als auch Geist.

Wenn du tief atmest,
wird es dir schwerer fallen
Angst zu haben.

Wenn du kaum atmest
oder in kurzen, flachen Zügen atmest,
dann hast du damit ein einfaches Mittel,
um dir selbst
Angst
zu machen.

Angst zu haben

ist eine gute Möglichkeit, Gefühle zu verbergen,
die du nicht haben willst.

Wenn wir aufwachsen,
lernen wir eine ganze Menge.

Wir lernen, dass
    wütende Menschen keine netten Menschen sind
        (die andere Wange hinhalten!)
    Menschen, die Spaß an Sex haben, keine netten Menschen sind
        (Sex ist schmutzig!).

Wir lernen, dass
    furchtsame Menschen keine netten Menschen sind
        (Feigling, Angsthase, Waschlappen!)
    aufgeregte Menschen keine netten Menschen sind
        (cool bleiben, sich unter Kontrolle haben,
        seine Gefühle nicht zeigen!).

Was machst du, wenn du
    wütend
    sexuell erregt
    erschrocken
    aufgeregt
bist?

Wenn du einen Weg suchst,
um diese Gefühle nicht zu spüren:
    Angst haben
ist ein Ausweg.

Aber Angst zu haben, ist keine
gute Art,
dein Leben zu leben.

Nicht, wenn du
fühlen, genießen, dich spüren, du selbst sein
willst.

Wirklich du selbst.

3

DU BIST DEPRIMIERT

Du fühlst dich
   unzufrieden
   niedergeschlagen
   mies
   elend
   hoffnungslos.

Wenn du sehr deprimiert bist,
findest du
   das Leben nicht lebenswert.
Am liebsten möchtest du dich ins Bett legen
und für immer dort bleiben.
Du willst nichts essen und kannst nicht schlafen.

So wie die
Angst
Gefühle verdecken kann,
die du nicht spüren willst, so kann auch
deine Depression
Gefühle verdecken.

Freud sagte, dass es etwas ganz Natürliches sei,
wütend zu sein. Er meinte sogar, dass es eigentlich unmöglich ist,
zivilisiert zu sein, ohne einen Preis dafür zu zahlen,
nämlich deine Impulse zu verbergen und deine Gefühle
zu kontrollieren
oder sie dir ganz zu verkneifen.

Freud hatte recht.

Wenn wir in den Mühlen des Alltags, im
engen Kontakt mit anderen,
Kompromisse schließen müssen und
unseren Willen nicht bekommen,
dann sind wir oft
    gereizt
    entnervt
    frustriert
und würden am liebsten die Wand hoch gehen,
oder alles in Stücke reißen.

Du hast ein Problem:

Gute, zivilisierte Leute sollten nicht

wütend

werden oder ihren

Ärger

zeigen.

Aber wütend zu werden
und
seine Wut zu spüren
sind natürliche Reaktionen darauf
gut und zivilisiert zu sein.

Ein Geheimnis:

Was geschieht mit deiner

Wut?

Wohin geht deine

Wut

wenn du sie nicht zum Ausdruck bringst?

Antwort:

Deine

Wut

geht nirgendwo hin.

Wenn du deine
Wut
nicht ausdrückst,
bleibt deine
Wut
 bei dir
 vor dir
 in dir drin.

Das ist kein Geheimnis, sondern eine traurige Wahrheit.

Wenn du

wütend

bist, aber deine

Wut

bei dir behältst,

dann wirst du dich häufig selbst emotional
    bekämpfen
    anfeinden
    verletzen

als Ersatz für
    den
oder
    die
oder
    das
andere, worauf du eigentlich wütend bist.

Wenn du dich selbst bekämpfst mit deiner

Wut

fühlst du dich

deprimiert.

Kommt dir das alles zu einfach vor?

Aber so ist es.

Nimm dir einen Augenblick Zeit.

Erinnere dich, wann du das letzte Mal
deprimiert warst.

Und jetzt stell dir vor,
worüber du dich geärgert haben könntest
oder
auf wen du
wütend
gewesen sein könntest.

Merkst du, dass
deprimiert zu sein
manchmal ein Mittel ist,
deinen Ärger und deine Wut
zu verdecken?

Denk darüber nach, dass dein Leben ein Fiasko ist.

Deprimiert dich dieser Gedanke?

Wem kannst du die Schuld dafür geben?
    Deinen Eltern
    Deinem Partner
    Deinem Chef
        ?
            ?
                ?

Wenn du jemandem die Schuld gibst,
dann zeigt das vielleicht, dass du
ihm gegenüber

Ärger und Wut

empfindest.

Gibst du dir selbst die Schuld für dein Fiasko?

Dann bist du wahrscheinlich

wütend

auf dich selbst.

Mach' ein Experiment:

Denk an all die Dinge, die dich deprimieren.

Inflation
Rezession
Umweltverschmutzung
Diskriminierung
Rüstungswettlauf
Kriminalität
Verkehrsprobleme

Nun versuche herauszufinden, ob das, was dich
deprimiert,
auch das ist, was dich
wütend
macht.

Jetzt noch eine andere Möglichkeit,
dich deprimiert zu fühlen.

Du denkst, du müsstest ein sehr viel
besserer Mensch sein als du bist.

Du hast sehr hohe Ansprüche.
Du wärst gerne perfekt,
der Beste überhaupt.

Du würdest gerne
    morgens früh aufstehen
    den Tag mit einem Lächeln beginnen
    gut gelaunt zur Arbeit gehen
    den ganzen Vormittag über hart und konzentriert arbeiten
    in der Mittagspause mit Freunden scherzen
    etcetcetc.

Und wenn du dich
ärgerst,
weil du nicht
perfekt
bist, dann
bekämpfst du dich
    und bestrafst dich
    und bist deprimiert.

Mit anderen Worten:

Du
hast
SCHULDGEFÜHLE

So wie dein
Ärger
dazu beiträgt, dass du
deprimiert
bist,

führt deine
Selbstbestrafung dafür,
dass du nicht perfekt bist,
zu
Schuldgefühlen.

Und wieder fragst du:
Ist das wirklich so einfach?
Etwa nicht?

Wenn du Schuldgefühle hast,
liegt das meistens daran, dass du dir selbst
vorwirfst, nicht besser zu sein als du bist.

Wenn du Schuldgefühle hast, liegt das wahrscheinlich daran,
dass du gelernt hast, besser sein zu müssen
als du bist.

Wenn du Schuldgefühle hast, glaubst du wahrscheinlich,
du solltest immer
    deinen Nächsten lieben
    Vater und Mutter ehren
    nett und vernünftig sein
    die andere Wange hinhalten
    schlüpfrige Phantasien unterdrücken
    Neid und Eifersucht bezwingen
    etcetcetcetc.

Wenn du all das tun würdest, wer wärst du dann?
Jedenfalls hättest du keine Schuldgefühle.
Aber bei dem Versuch, ein so super perfekter Mensch zu sein,
würdest du wohl auch
wütend und deprimiert,
weil du so viel von dir selbst aufgeben
und so viele deiner echten Gefühle bekämpfen müsstest.

Am Anfang dieses Buches habe ich gesagt,
dass du für deine Gefühle verantwortlich bist.

Wenn du Verantwortung für deine
Ansprüche
übernehmen kannst, dafür, was
für dich
als Mensch
vernünftig und angemessen
ist,

dann brauchst du dir selbst vielleicht keine
Schuldgefühle
zu machen
und brauchst dich dafür nicht selbst zu bekämpfen
    und zu bestrafen,
dass
du
du
bist.

Nun hältst du dagegen:
Was wäre ich ohne meine
Schuldgefühle?

Hast du das Gefühl,
durch diese Schuldgefühle
ein besserer Mensch zu sein?

Wie wäre es, herauszufinden, wer du
ohne deine
Schuldgefühle
sein könntest?

Hast du Angst, du könntest ein

  Mörder
  Dieb
  Vergewaltiger

sein?

Hast du Angst, ohne deine Schuldgefühle

  wärst du faul
  und würdest nie mehr baden
  würdest dich jeden Tag betrinken
  nur noch Süßigkeiten essen
  deine alte Schule in Brand stecken
  älteren Damen auf der Straße ein Bein stellen?

Was spricht dagegen, herauszufinden, wer du bist?

Ich wette, du brauchst deine
Schuldgefühle
nicht,
um dich angemessen zu benehmen,
  um leben zu können.

Ich wette, du könntest dich auch
ohne deine Schuldgefühle
angemessen benehmen,
angemessen leben.

Kannst du deine
Schuldgefühle
aufgeben?

Oder sind dir deine
Schuldgefühle
so wichtig?

Wenn du deine
Schuldgefühle
aufgeben würdest,
wärst du deprimiert?

Manche Menschen werden deprimiert, wenn sie
etwas für sie sehr Wichtiges
oder
einen geliebten Menschen
verlieren.

Sie versuchen an etwas festzuhalten,
was nicht mehr da ist.

Trauer
ist eine gesunde Weise,
etwas loszulassen
etwas aufzugeben
sich von etwas zu trennen,
an dem man nicht mehr festhalten kann,
es sei denn, man bestraft sich selber.

Deprimiert zu werden ist eine Möglichkeit,
etwas festhalten zu wollen, das nicht mehr zu halten ist
oder nur um den Preis, sich selbst Gewalt anzutun.

Wie wichtig
sind dir deine
Schuldgefühle?

Würdest du
Schuldgefühle
bekommen, wenn du
aufhören würdest
Schuldgefühle
zu haben?

Wenn du deine
Schuldgefühle
brauchst,
könntest du dann nicht
ebenso gut
stolz
auf deine
Schuldgefühle
sein?

Achte einmal darauf,
ob du
stolz
darauf sein kannst,
wie sehr du unter deinen
Schuldgefühlen
leidest.

4

LEIDEN

Menschen
leiden
aus denselben Gründen,
aus denen sie
Schuldgefühle
haben.

Zu leiden
ist eine weitere Möglichkeit, um zu zeigen,
wie gut du bist.

Nimm dir einen Augenblick Zeit und denke
an all das, worunter du leidest.

Ich wette, dass vieles von dem dasselbe ist
oder dem ähnlich,
was dich

wütend

oder dir

Schuldgefühle

macht.

Wäre es nicht interessant, wenn dein
Leiden
für dich eine weitere Möglichkeit wäre, deine Gefühle wie
Wut und Ärger
zu vermeiden?
Wäre es nicht interessant, wenn dein
Leiden
für dich eine weitere Möglichkeit wäre, dich selbst zu bestrafen –
genau wie deine
Schuldgefühle?

Und was, wenn eine Variante zu

leiden

darin besteht,

krank

zu werden?

Was, wenn dein
Krankwerden

eine weitere Möglichkeit darstellt,

dich selbst zu bestrafen?

Was, wenn deine

Krankheit

eine Möglichkeit darstellt, dich für

deine Schuldgefühle

über deine Wut

und deinen Ärger

zu bestrafen?

Verstehst du den Gedanken, dass
dein Leiden und dein Krankwerden
vielleicht Möglichkeiten sind,
deine Schuldgefühle zum Ausdruck zu bringen,
die daher rühren, dass du Gefühle hast,
die du nicht haben solltest?

Manche Menschen glauben, dass
Leiden
ihr Leben veredelt
(sie zu besseren Menschen macht).

Manche Menschen glauben, dass
Schuldgefühle
beweisen, wie empfindsam sie sind
   (sie zu besseren Menschen macht).

Manche Menschen glauben,
dass Schuldgefühle
   und
Leiden
deutlich machen, wie gut sie sind
   (sie zu besseren Menschen machen).

Glaubst du nicht auch, dass
Schuldgefühle
und
Leiden
meistens unnötig
sind?

Sind nicht
Schuldgefühle
und
Leiden
ziemlich unnütze Versuche
dich selbst
und
andere
davon zu überzeugen,
dass du gar nicht so
schlecht
bist –
dass, wenn du schon nicht
perfekt
sein kannst,
du zumindest
leiden
    und
Schuldgefühle
haben kannst.

Wie geht es dir mit Menschen, die
    in der Öffentlichkeit leiden
    ihre Schuldgefühle zur Schau tragen
    dauernd krank werden?

Wie geht es dir mit
    selbsternannten Märtyrern
    erfolgreichen Opfern?

Ich muss zugeben, dass ich
für all diesen falschen Edelmut
wenig Sympathie habe.

Manchmal bin ich sogar ein so schlechter Mensch,
dass ich all dieses Gequält-Sein
als Erpressung empfinde. Ja, ich gehe sogar
so weit zu sagen, dass es mich wütend macht.

Bist du jemals so schlecht?

Wenn nicht,
dann versuch doch mal, so schlecht zu sein –
jetzt.

Wie ist das?

Fühlst du dich von dem,
was ich gerade gesagt habe,
verletzt?

Haben dich meine Behauptungen
gekränkt?

Noch ein Experiment:
Denk an all die Dinge, die
dich
verletzen.

Nun, wie sehr ähnelt diese Liste
derjenigen mit all dem, was dich
wütend
macht?

Kannst du erkennen,
dass dein dich verletzt fühlen
noch eine weitere Möglichkeit ist,
keine
Verantwortung für
deine Wut
zu übernehmen?

Wenn Menschen sich
verletzt
fühlen, dann sagen sie damit häufig:
Sieh doch wie gemein und unfair
du bist.

Sieh doch, wie du
mich gekränkt hast.
Sieh doch wie ich leide.

Und ich gebe dir die Schuld dafür,
dass ich so verletzt bin und leide.

Und nun sag genau dasselbe noch einmal.

Aber diesmal mit einer wütenden Stimme.

Glaubst du, dass dein dich verletzt fühlen
vielleicht ein weiterer Versuch sein könnte,
dich

davon abzuhalten,
deine
Wut
zu spüren?

Bringt dich all das durcheinander?
Habe ich dir Angst gemacht?

Nein, du erinnerst dich jetzt.
Angst zu haben ist wahrscheinlich eine Möglichkeit,
deine Gefühle zu verbergen.

Habe ich dich vielleicht wütend gemacht
mit meinem Versuch,
dich dazu zu bringen, deine Gefühle zu enthüllen?

Oder machst du dir vielleicht Sorgen?

Kannst du noch einmal an die Liste
mit all dem, was dich wütend macht, denken?

Ich wette, dass es da große Ähnlichkeiten
mit all dem gibt, was dir Sorgen bereitet.

Ich mache mir Sorgen wegen
der Staatsverschuldung
des Kriegs im Mittleren Osten
    der Terroranschläge
    der Steuern
    der Inflation
    der Arbeitslosigkeit
meiner Gesundheit
    etcetcetc.

Wenn ich es zulassen würde, könnte ich
angesichts derselben Liste
ohne weiteres
wütend werden
oder
Angst bekommen.
Aber ich mach mir lieber Sorgen.

Dir Sorgen zu machen, ist eine schöne Möglichkeit,
beschäftigt zu bleiben, ohne viel tun zu müssen.

Dir Sorgen zu machen, ist eine schöne Möglichkeit,
deine Betroffenheit zu zeigen, ohne viel tun zu müssen.

Dir Sorgen zu machen, ist eine billige Möglichkeit
es dir mit mir gut gehen zu lassen.

Ich mache mir Sorgen, ob ich pünktlich zur Arbeit komme.
(Vielleicht gelingt mir das nicht, aber zumindest
bekomme ich Punkte für's Sorgenmachen.)

Ich mache mir Sorgen um meine Gesundheit.
(Vielleicht höre ich nicht auf zu rauchen und die
halbe Nacht aufzubleiben, aber ich bekomme
Punkte für meine Sorgen.)

Ich mache mir Sorgen um deine Gesundheit.
(Ich versuche zwar nicht, dir zu helfen,
vom Rauchen und Trinken wegzukommen,
aber ich bekomme Punkte für meine Sorgen.)

etcetcetc

Mit anderen Worten:

Sorgen
können ein Mittel sein, mich zu beruhigen,
ohne viel dafür tun zu müssen.

Ein kleines bisschen Schweiß und ein bisschen
Sorge.

Das ist kein zu hoher Preis für ein
gutes Gefühl
bezüglich meiner eigenen Verantwortung für das,
was um mich herum passiert.

Ich mache mir Sorgen darum.
Ich mache mir Sorgen darum – und belasse es dabei.

Wenn du dir Sorgen machst, kannst du
    ein bisschen bange sein
    ein bisschen Angst haben
    ein bisschen leiden.

Sorgen sind häufig ein ganz passabler Preis.

Aber willst du diesen Preis bezahlen?

Wie wichtig ist die Sorge in deinem Leben?

Wirst du
müde?

Müde zu sein, ist manchmal
eine Möglichkeit, deine anderen Gefühle
zu vermeiden.

Erschöpfung ist eine gute Möglichkeit,
zu schwach und matt zu sein, um auf deine
anderen Gefühle zu achten.

Müde
erschöpft
schwach
angestrengt
    zu sein
ist der erste Schritt, um
deprimiert oder
krank
zu werden.

Manchmal.
Nicht immer.
Manchmal.

Denke darüber nach.

Ich weiß, wie du es immer wieder
und ganz bequem schaffen kannst,
deine Gefühle zu vermeiden:
Du kannst
    dich erkälten
    Bauchschmerzen bekommen
    oder Kopfschmerzen.

Kannst du es in diesem Moment vermeiden,
dich schuldig zu fühlen?

Kannst du davon absehen, mir einen Vorwurf zu machen,
wenn ich sage, dass
jede Situation, in der du
Kopfschmerzen
Bauchschmerzen
eine Erkältung
hast, ein Versuch ist, deine Gefühle zu vermeiden?

Wäre es nicht interessant,
wenn du
anstatt   Erkältungen
Bauchschmerzen
Kopfschmerzen
zu bekommen, herausfinden könntest,
wie du sie vermeiden kannst?

Wäre das interessant?
Wärst du daran interessiert?

Wenn du nicht
krank werden willst, um deine Gefühle zu vermeiden,
müsstest du erkennen, dass du vielleicht
aufhören musst
zu leiden
dich schuldig zu fühlen
dich selbst zu bestrafen
und
dir klar machen, was an den Gefühlen,
die du zu vermeiden gelernt hast,
gut ist,
also, was daran gut ist,
wütend
sexy
erregt
zu sein.

5

LASS' UNS ETWAS ANDERES PROBIEREN

Denke an Depression,
daran, deprimiert zu sein
und was du fühlst, wenn du
deprimiert bist.

Schau ob du es hinbekommst, dich
JETZT
deprimiert zu fühlen.

Und achte darauf, wie dieses
Deprimiertsein deine Atmung verändert.

Was, wenn dein Gefühl von
Angst
Schuld
Depression
Verletzung
Sorge
eigentlich ein
Beschwichtigen
ein
Flehen
ein
Um-Gnade-Bitten
ist?

Was, wenn du damit sagst
(ohne es selbst zu wissen):
Sieh doch welche Strafe ich ertragen muss.
Sieh doch wie ich leide.
Bitte gib mir Anerkennung für mein Elend.

Was glaubst du, würde passieren, wenn du sagen würdest:

ICH
  WILL
    NICHT
      LEIDEN

ICH
  WILL
    NICHT
      BESTRAFT
       WERDEN!

Sprich es aus. Laut. Jetzt.
Und jetzt sag es noch lauter!!!

LAUTER!!!!!!

Was ist passiert?

Wie fühlst du dich?
Was fühlst du?
Wie atmest du?

Ich wette, du fühlst dich anders.
Lebendiger.

Ich wette, du fühlst dich besser.

Die Welt hat sich zwar nicht verändert,
aber du.
Etwas Neues ist geschehen.

Was?
Du hast Verantwortung für dein Leben übernommen.
Du hast aufgehört, Opfer zu sein.
Ein Fiasko.
Deine Welt hat sich verändert.
Oder, noch wichtiger: DU HAST DEINE WELT
VERÄNDERT!

Angenommen, du entscheidest dich, Verantwortung
für deine Welt zu übernehmen.

Angenommen, du entscheidest dich, für deine Welt
verantwortlich zu sein.

Angenommen, du warst schon immer für deine
Welt verantwortlich, wolltest dir das
aber nicht eingestehen.

Ich möchte diesen Satz wiederholen,
weil ich glaube,
dass er sehr wichtig ist.

ANGENOMMEN, DU WARST SCHON IMMER
FÜR DEINE WELT VERANTWORTLICH, WOLLTEST
DIR DAS ABER NICHT EINGESTEHEN.

Ich will es noch anders ausdrücken.

Angenommen, du bist der wichtigste Teil
deiner Welt.

Angenommen, du hast dich selbst
    vernachlässigt
    gemieden
    bestraft
    blockiert
    deprimiert
    dir Schuldgefühle gemacht
    dich zurückgehalten

Was, wenn du entscheiden würdest:
    Ich bin für mich selbst verantwortlich.

    Ich will nicht länger
    so mit mir umgehen.

Dann würden deine Welt und du
sich dramatisch verändern,
aber
    WIE???

Vielleicht finden wir es heraus.

Such dir aus der Liste oben
eines der Gefühle heraus.

Angenommen, ich würde dich bitten,
für eines dieser Gefühle Verantwortung zu übernehmen
anstatt passiv darunter zu leiden.
Es ist deins. Du machst es – und fühlst es.

Nimm es in Besitz.
Sage: Ich mache mich / mir selbst _____,
　　　Ich _____ mich selbst.

Was passiert?

Kannst du darauf achten, was passiert,
wenn du die Verantwortung dafür übernimmst,
was du fühlst?

Angenommen, du sagst z. B.:
Ich mache mir selbst Schuldgefühle,
ich bin dafür verantwortlich, dass ich mir Schuldgefühle mache,
ich bin für meine Schuldgefühle verantwortlich.

Was kannst du außerdem noch fühlen?

　　　Kannst du Wut fühlen?
　　　Kannst du Erregung fühlen?
　　　Kannst du Angst fühlen?
　　　Kannst du Kraft fühlen?

Sehr häufig glauben Menschen, dass sie
entweder gar nichts fühlen
　　　oder aber
in einem Moment jeweils nur ein Gefühl wahrnehmen können.

Damit spielen sie sich selbst
einen üblen Streich.

Versuche, nichts zu fühlen
    gar nichts

und dann beschreibe diesen Zustand.

Erzähle mir, wie es ist, nichts zu fühlen.

Wenn du
    nichts
fühlst,

fühlst du dich

    leer
    einsam
    ängstlich
    inhaltslos
    bedeutungslos
    ?

Nun, dann fühlst du doch etwas.

Dann erzähle mir also, wie es ist,
    leer
    einsam
    ängstlich
    inhaltslos
bedeutungslos
zu sein.

Beschreibe deine
Leere
Einsamkeit
Angst
Inhaltslosigkeit
Bedeutungslosigkeit

Übernimm Verantwortung für dein Nichts und
finde heraus, was da ist.

Und jetzt versuche etwas anderes. Werde deine
Leere
Einsamkeit
Angst
Inhaltslosigkeit
Bedeutungslosigkeit

Trau dich, dieser Teil deiner Selbst zu werden, der
eben noch Nichts war.

Riskiere, mehr über diesen Teil
von dir herauszufinden.

Sprich laut als deine Leere,
Einsamkeit, Angst, Inhaltslosigkeit, Bedeutungslosigkeit

Merkst du, wie viel mehr du über dein
Nichts
weißt?
Merkst du, wie du dadurch,
dass du Verantwortung für dich selbst übernommen hast,
das, was fehlte, ausgefüllt hast?

Ich vermute, du hast gesehen, dass das,
was gefehlt hat, Gefühle waren.
Vielleicht wolltest du
    sie nicht akzeptieren
    dich ihnen nicht stellen
    keine Verantwortung für sie übernehmen

sie nicht haben
    nicht mit ihnen in Verbindung treten
    sie nicht als deine ureigenen betrachten.

6

ALLE DEINE GEFÜHLE SIND
WICHTIG

Allzu oft glauben Menschen, die beste Art,
mit negativen Gefühlen umzugehen,
bestünde darin, vor ihnen zu fliehen.

Ich habe dir etwas sehr Wichtiges zu sagen:
Es gibt keine negativen Gefühle.

Oder – anders ausgedrückt:
All meine Gefühle sind wichtig.
Sie sagen mir, was gerade mit mir passiert.
Und wenn ich für all meine Gefühle Verantwortung übernehme,
dann bringen sie mich mir selbst näher
und zeigen mir, was ich mit meinem Leben anfangen kann.

Wie wäre es, wenn du dich nie wieder
auch nur für eines deiner Gefühle entschuldigen müsstest?

Wie wäre es, wenn du nie wieder für ein Gefühl
„Das tut mir leid!" sagen müsstest?

Wie wäre es, wenn du all deine Gefühle
als wichtigen, wertvollen, lebendigen,
bedeutsamen, wunderbaren, erhellenden
Teil **DEINER SELBST**
annehmen könntest?

Du rufst
    Stopp!
    Stopp!
Ist der Autor verrückt? Meint er wirklich
ich sollte meine
    Wut
    Angst
    Erregung
    Empörung
    Sexualität
    Scham
    Schmerzen
    Langeweile
als wichtige Teile meiner Selbst betrachten?

Glaubt er ernsthaft, ich könnte meine
    Schuldgefühle
    Depression
    Leiden
    Sorgen
    wertschätzen
    ?

Ja.
Ja. Ja.
Jajajajaja.

Tausendmal Ja.

Meine Gefühle geben mir Orientierung in meiner Welt.
Meine Gefühle geben mir wichtige Informationen darüber,
was mit mir geschieht.
Wenn ich meine Gefühle akzeptiere,
wenn ich auf meine Gefühle achte,

lerne ich nicht nur, wo ich bin
und was mit mir geschieht,

ich bekomme auch ein gutes Gespür dafür, wo ich hin will
und was als nächstes zu tun ist.

Stell dir vor du sagst: „Mein Leben ist ein Fiasko,
weil die anderen mich so behandeln.
Das ist nicht meine Schuld, sondern ihre."

Stell dir vor, du sagst:
Mein Vater ist zu streng
Meine Mutter ist nicht liebevoll
Mein Chef ist ein rigoroser Pedant
Mein Bruder ist eifersüchtig
Meine Schwester konkurriert ständig mit mir
Meine Freundin ist kalt und berechnend
Mein Freund ist frech und viel zu anspruchsvoll
...
...
...
Und das bestimmt mein Leben.

Ich würde dir antworten:

Das ist zu einfach.

Selbst wenn alles, was du da über die anderen sagst,
wahr wäre, wärst du damit noch nicht
aus dem Schneider.

Trotzdem müsste dein Leben nicht unbedingt
ein Fiasko sein.

Keines Menschen Leben ist ein Fiasko
wegen der anderen. Wenn die anderen wirklich
gegen dich sind, heißt das nur, dass du noch
besser auf dich selbst Acht geben musst.

Was ich damit meine: Wenn ich wirklich
glauben würde, dass alle gegen mich sind,
würde ich drei Dinge tun.

Erstens würde ich mich fragen, wie es
gekommen ist, dass alle gegen mich sind.
Ich muss irgendetwas getan haben, um
alle anderen gegen mich aufzubringen.

Ich würde mich in jeden Menschen
    hineinversetzen, von dem ich glaube,
    dass er gegen mich ist, und mich dann fragen:
    Warum magst du ihn nicht?

Ich würde all die Antworten aufschreiben,
    die ich mir als Vater, Mutter, Bruder, Schwester,
    Chef, Freund, Freundin etc.
    gegeben habe.

Dann würde ich sämtliche Punkte auf meiner Liste
    miteinander vergleichen und mich fragen,
    ob die Liste genau genug ist.

Und dann würde ich mich fragen,
wie viel ich mit dem zu tun habe,
was die anderen an mir nicht mögen.

Wenn ich sehen könnte, was sie an mir nicht mögen,
und diese Seiten selbst auch nicht liebenswert fände,
könnte ich anfangen, darüber nachzudenken,
was ich davon habe, so zu sein.

Und dann könnte ich darüber nachdenken,
ob ich das, was die anderen nicht mögen,
verändern wollte.

Du siehst, ich übernehme Verantwortung für mich.

Zweitens

Wenn jeder, an dem mir etwas liegt,
mich nicht mögen würde, und ich nichts
an mir verändern wollte,

könnte ich mich nach anderen Menschen umschauen,
die mich mögen könnten.

Ich könnte einen neuen Chef finden,
eine neue Freundin
oder
einen neuen Freund.

Und wenn mit neuen Leuten dasselbe
passieren würde, hätte ich noch mehr Grund
zu der Annahme, dass ich vielleicht genauer
auf mich selbst schauen sollte.

Ich könnte zwar keine neuen Eltern finden,
und keine neuen Brüder und Schwestern, aber
wenn ich glauben würde, dass sie mich nicht mögen
und das Gefühl hätte, dass ihre Abneigung nichts
mit mir zu tun hat, dann würde ich den Drang verspüren,
Liebe bei jenen zu suchen,
die nicht mit mir verwandt sind.

Ich wäre wohl auch traurig darüber,
aber wenn ich alles Mögliche versucht hätte
– ohne Erfolg zu haben,
welche andere Möglichkeit bliebe mir dann noch?

Drittens

Wenn ich glauben würde, dass keiner von den
    Menschen, die mir wichtig sind, mich liebt,
    könnte ich immer noch mich selbst lieben,

dann könnte ich immer noch weitermachen
und mein Leben leben

    Wenn ich mich selbst lieben würde, könnte ich
    auch so ehrlich sein,
    mich selbst zu fragen,
        was an mir denn
            nicht liebenswert ist.

    Wenn ich mich selbst lieben würde, könnte ich es
    riskieren
    herauszufinden, was in mir
        nicht liebenswert ist.

Dann könnte ich mir das, was
in mir nicht liebenswert ist,
anschauen und darüber nachdenken, ob ich es
ändern will, oder nicht.

Wenn ich mich selbst liebe, kann ich
akzeptieren, was ich tue, und die Freiheit
haben, mein Verhalten zu ändern.
Du siehst, ich bin für mich selbst verantwortlich,
ich bin verantwortlich für das, was ich tue.
Niemand sonst. Ich. Selbst. Ich selbst.

Was ich deutlich zu machen versuche ist:
Was auch immer ansonsten geschieht,

ich bin darauf angewiesen,
dass ich mich um mich selbst kümmere.

Ich kann mich leichter um mich selbst kümmern,
wenn
ich mir vertraue, ich an mich glaube
ich mich akzeptiere
ich mich kenne

wenn

ich weiß, was ich brauche
ich weiß, was ich will
ich weiß, was ich begehre.

Wer sonst kann mich kennen?
Wer sonst kann mich akzeptieren?
Wem sonst kann ich vertrauen?

Wenn ich mich nicht kenne,
wenn ich mich nicht akzeptiere,
wenn ich mir nicht vertraue,
warum sollte ein anderer es tun?

Wenn ich mich nicht kenne
mich nicht akzeptiere
mir nicht vertraue
was bringt es dann, wenn andere das tun?

Ich muss mit mir selbst anfangen.

Das Beste, was ich dafür tun kann, ist
bei dem zu bleiben, was ich denke und was
ich fühle.

Die meisten Menschen haben Schwierigkeiten,
sich selbst
zu kennen
zu vertrauen
zu akzeptieren

weil sie gelernt haben, ihre
Gefühle zu vermeiden,

weil sie gelernt haben, dass es
gute und schlechte Gefühle gibt,

weil sie gelernt haben, dass
es ein Zeichen von Schwäche ist,
Gefühle zu haben.

Schau dich um.

Wen siehst du, der wenige oder gar keine Gefühle hat?

einen Roboter
eine Kuh, die wiederkäut
ein Schaf, das dem Hammel folgt

einen Mann, der schläft,
    aber nicht träumt
eine medikamentös ruhiggestellte Frau

einen traumatisierten, kriegsmüden Soldaten

Wer davon möchtest du sein?

Nun denke an

eine fauchende Katze
eine schnurrende Katze
einen knurrenden Hund
einen Hund, der mit dem Schwanz wedelt
einen singenden Vogel
einen gurrenden Vogel
einen Pfau, der seine Federn spreizt
einen Bullen bei der Paarung
ein buckelndes Wildpferd
ein zitterndes Kaninchen
ein durchgehendes Pferd
ein bebendes Rehkitz.

Welches würdest du am ehesten sein wollen?

Meine Antwortet ist

ALLE –
   JEDES
     EINZELNE

Die Tiere in meiner Liste sind alle
ganz nah an ihren intensiven Gefühlen.

Die Tiere sind lebendig, kraftvoll,
vital, ganz.

Egal, welche Gefühle ich habe

Sex
Wut
Angst
Erregung
Liebe

sie gehören zu mir.

Ich will sie besitzen
Ich will sie fühlen
Ich will sie haben
Ich will sie erleben.

Und wenn ich das tue,

werden meine Gefühle mir zeigen,
was wichtig für mich ist

meine Gefühle werden mich führen
auf dem Weg zum nächsten Schritt.

Was bedeutet Gesundheit,

wenn ich sie nicht spüren kann,
wenn ich nicht weiß, was Krankheit ist,
wenn ich sie nicht genießen kann?

Was bedeutet Liebe, wenn nicht

zu riskieren, dass ich

mich von meinem Geliebten erregen lasse
auf meinen Geliebten wütend werde
Angst habe, mein Geliebter könnte mich verlassen
mit ihm schlafen möchte.

Wenn ich ein sicheres, langweiliges Leben bevorzuge,

ist es besser, meine Gefühle loszuwerden
meine intensiven Gefühle
meine positiven Gefühle
meine negativen Gefühle.

Kein intensives Gefühl ist sicher und langweilig.

Also täte ich besser daran,

Liebe und Freude
ebenso wie
Angst und Wut

Erregung und Glück
ebenso wie
Traurigkeit und Einsamkeit

Sex und Ekstase
ebenso wie
Kummer und Leid

zu vergessen.

Schauen wir uns an, wie negative Gefühle
dir gut tun können, dich lebendig
machen können, wenn du zu ihnen stehst.
Schauen wir, was passiert.

Schauen wir, ob das wirklich so wertvoll
und wichtig ist.

Nehmen wir die Angst.

Wenn ich im dichten Verkehr Auto fahre,
    bringt mich meine Angst dazu, vorsichtig zu fahren.

Wenn jemand mich mit einer Waffe bedroht und mein Geld verlangt,
    bringt mich meine Angst dazu, ihm das Geld zu geben.

Wenn ich schwimmen gehe,
    sagt mir meine Angst,
    dass ich nicht zu weit hinaus schwimmen soll,
    warnt mich meine Angst, wenn die Strömung zu stark ist,
    sagt mir meine Angst, dass das Wasser eiskalt ist
und ich das heute besser nicht riskieren sollte.

Wenn meine Angst mir sagt, dass ich stillsitzen soll,
während jemand mir erklärt, wie inkompetent ich bin,

    dann will ich meine Angst auffordern,
    stärker zu werden

dann will ich wissen, was
schlimmstenfalls passieren könnte.

Wahrscheinlich, dass ich noch mehr beschimpft werde,
oder dass jemand mich nicht mag.

Dann kann ich – wenn ich will – meiner Angst antworten
und ihr sagen, dass das nicht sooo schlimm wäre.
Und ich werde sagen, was ich denke oder
was ich fühle.

Jetzt siehst du, dass meine Angst sehr wertvoll
für mich sein kann.

Meine Angst kann dann wertvoll sein, wenn

   ich ihr zuhören kann
   ich bei ihr bleibe, um von ihr lernen zu können.

Meine Angst ist ein wichtiger Teil meiner Selbst
Meine Angst verleiht meinem Leben in diesem Moment einen Sinn.

Wenn ich glaube, dass meine Angst zu stark ist, wenn ich
das Gefühl habe, dass sie mich zu sehr beherrscht,
dann kann ich das Risiko eingehen, sie zu überprüfen
und meiner Angst ins Auge sehen.

Ich bin immer noch für mich verantwortlich. Meine
Angst ist ein Teil meines Erlebens.
Ich habe aber auch mein eigenes Vertrauen in mich
und mein eigenes Urteilsvermögen.

Ich behalte meine Angst, gebe ihr aber
einen Platz im Orchester all meiner
Gedanken und Gefühle.

Dann weiß ich, wer ich bin und wo ich bin.
Ich weiß, was ich will und wie ich anfangen kann, es zu bekommen.

Dann braucht mein Leben kein Fiasko zu sein,
es sei denn, ich entscheide mich dafür, es zu einem Fiasko zu machen.

Wenn ich aus meinem Leben ein Fiasko mache, und wenn ich
es so haben will, dann kann ich es als solches genießen,
weil ich dafür verantwortlich bin.

Es ist mein Fiasko. ich habe es gemacht. Ich kann
es genießen.

Und wenn ich kein Fiasko will, dann kann
ich etwas machen. Ich kann Verantwortung übernehmen
und es in Ordnung bringen.

Es?

Mich.
Mein Fiasko
Mein Leben

Ich kann jetzt anfangen.

INTERVIEW MIT DANIEL ROSENBLATT

Der folgende Text ist das Transkript eines Radio-Interviews: Shrink Rap Radio – A Psychology Talk and Interview Show. Titel der Sendung: Reflections of A Therapist Who Is Gay. Gesendet: Sonntag, 21. Januar 2007, um 20 Uhr. Daniel Rosenblatt, Ph. D., Gestalttherapeut und Autor, wird von Dr. Dave (David Van Nuys, Ph. D.) interviewed. Übersetzung aus dem Amerikanischen: Thomas Bliesener. Herzlichen Dank für die Genehmigung der deutschen Übersetzung an Shrink Rap Radio – und dort besonders an Dr. Dave (David Van Nuys, Ph. D.; www.shrinkrapradio.com).

David Van Nuys: Herzlich willkommen bei Shrink Rap Radio, Dr. Rosenblatt. Ich freue mich sehr, dass Sie hier sind. Zunächst möchte ich unseren Hörern erklären, dass ich an Sie über Dr. John Drimmer kam, der in der vorletzten Sendung mein Gast war. John hatte gemeint, Sie würden ein phantastischer Gast sein. Er sagte mir auch, dass Sie vor vielen Jahren sein Therapeut waren und ihn seither als Freund und Mentor begleiten. Und er sagte mir auch schon einiges zu Ihrem Hintergrund und nannte Themen, über die wir sprechen sollten.

Daniel Rosenblatt: Ja, das ist alles richtig.

David Van Nuys: Ok. Sie haben einen langen, sehr besonderen und sehr vielseitigen Berufsweg zurückgelegt. Wie John mitteilte, sind Sie sogar schon über 80, also war ihr Weg ganz sicherlich lang und speziell und vielseitig. Von daher könnten wir uns über eine Vielzahl verschiedener Themen unterhalten, aber für so viele mögliche Erkundungen würde unsere Zeit gar nicht reichen. Deswegen konzentriere ich meine Fragen auf ihre langjährige Erfahrung als Gestalttherapeut, der zufällig auch schwul ist. Fangen wir also ganz von vorne an, und das wäre für mich mit der Frage: Wann haben Sie zum ersten Mal entdeckt, dass Sie schwul sind?

Daniel Rosenblatt: Ooh, das ist so lange her, das kann ich kaum noch rekonstruieren. Das war äh ... Viele Menschen merken das ja ausgesprochen früh. Einige meiner Patienten erzählten mir, dass sie schon mit fünf oder sechs Jahren gewusst hätten, dass sie schwul sind.

David Van Nuys: Ja. Das hatte ich mich auch gerade gefragt.

Daniel Rosenblatt: Doch bei mir war das nicht so. Ich habe einen Zwillingsbruder, aber der ist hetero. Er ist genau wie ich über achtzig, natürlich, und wir sind zusammen in Detroit in Michigan aufgewachsen. Schwulsein war damals überhaupt nicht in, und was ich an Andeutungen darüber aufschnappte – und die waren sicher nur spärlich – schob ich weit weg von mir. Ich hab also wohl (atmet aus), ich glaub, ich hab erst nach dem Grundstudium ...

David Van Nuys: Ok. Mich fasziniert ja, dass Sie einen Zwillingsbruder haben, einen eineiigen Zwilling sogar, wie ich hörte. Stimmt das?

Daniel Rosenblatt: Ja, das stimmt.

David Van Nuys: Sie haben also die identischen Gene, ...

Daniel Rosenblatt: Ja, genau.

David Van Nuys: ... und haben dieselbe Umweltprägung. Welche Erklärung haben Sie dafür? Oder ist in der Forschung irgendwas bekannt, das eine Erklärung dafür bietet?

Daniel Rosenblatt: In der Forschungsliteratur gibt es darüber wohl nichts. Aber mit meiner eigenen, vorwissenschaftlichen Vermutung würde ich sagen: „identisch" muss halt nicht „völlig identisch" sein.

David Van Nuys (lacht)

Daniel Rosenblatt: Er ist Rechtshänder, ich bin Linkshänder. Er ist hetero, ich bin schwul. Wir lebten wohl in der gleichen Umwelt, jedoch war er der erste, der aus dem Mutterleib kam. Und bin auch nicht sicher, ob identisch wirklich heißen muss, dass alle Gene durchweg identisch sind; wissen wir das wirklich?

David Van Nuys: Wobei mir jetzt die Frage kommt: Wissen Sie denn wirklich, dass sie eineiige Zwillinge sind? Es könnte doch schon mal vorkommen, dass Geschwister – Also, ich habe zweieiige Zwillingssöhne, die sahen sich anfangs sehr ähnlich. Wissen Sie und Ihr Bruder wirklich, dass Ihre Einstufung als eineiig richtig ist?

Daniel Rosenblatt: Also, uns wurde das von den Psychologen

und Ärzten und so weiter immer wieder gesagt. Und mein Bruder wird auch immer wieder mit mir verwechselt, obwohl er etwas größer ist als ich, so gut einen Zentimeter. Die Leute sehen ihn auf der Straße und halten ihn für mich. Und umgekehrt.

David Van Nuys: Ok. Gut, dann lassen Sie uns zu einem der anderen Themen im Zusammenhang mit dem Therapeutendasein kommen. Wann wurde ihnen zum ersten Mal klar, dass Sie Psychologe bzw. Therapeut werden wollen? Oder führt das jetzt wieder zu weit zurück?

Daniel Rosenblatt: Nein nein. Im Grundstudium war ich zwar auch für Psychologie eingeschrieben, aber mein Hauptfach war Geschichte, und mein Abschluss war in Geschichte, und danach –, also mein Master-Abschluss an der Columbia Universität war in Geschichte. Erst nach dem Master-Abschluss ging ich in Psychotherapie bei Laura Perls.

David Van Nuys: Ah ja, bei der Frau von Fritz Perls. Die beiden waren doch die Begründer der Gestalttherapie.

Daniel Rosenblatt: Genau, sie entwickelten zusammen mit Paul Goodmann die Gestalttherapie. Bei Laura Perls war ich wohl der zweite oder dritte Klient in Amerika. Meine Therapie bei ihr dauerte etwa zweieinhalb Jahre. Im Anschluss daran bin ich zum Promovieren nach Harvard gewechselt. Ich schrieb mich wieder in Geschichte ein. Bei allem, was ich schrieb, stellte sich aber heraus, dass sie eigentlich psychologisch angelegt waren. Ich weiß noch, dass ich eine psychoanalytische Studie zu Gibbon machte, zu Wayne Gibbon[1] und seinen sechs biografischen Fragmenten aus dem Nachlass. Ich unterzog seine autobiografischen Notizen einer psychoanalytischen Deutung. Und ähnliches passierte mir letztlich in allen Geschichtsseminaren, die ich belegte. Nach meiner Therapie bei Laura Perls war mir halt klar geworden, dass meine Interessen eigentlich ins Psychologische gingen. Schließlich wechselte ich von Geschichte in ein Fach, das Harvard damals „Soziale Beziehungen" nannte und das den Versuch darstellte, die Sozialwissenschaften zu vereinen. Man musste Seminare in klinischer Psychologie, Sozialpsychologie, sozialer Anthropologie und Soziologie belegen, und man musste sich in all diesen Gebieten gleich gut auskennen. Aber zwischen den Leitern der einzelnen Abteilungen gab es so viel bürokratisches Hickhack, dass sie nicht länger als acht Jahre zusammenhielten, gerade die Zeit, die ich dort mit Seminaren in all diesen Disziplinen zubrachte. Ich empfand sie durchaus als nützlich und wertvoll. In jedem Fall aber wandelte ich mich in dieser Zeit vom Historiker zum Sozialwissenschaftler, genauer gesagt, zum klinischen Psychologen.

David Van Nuys: Ok. Sie befinden sich jetzt also an einem bestimmten Punkt auf dem Weg zum Doktor der klinischen Psychologie in Harvard. Ist Ihren Professoren in dieser Zeit bekannt, dass Sie schwul sind?

Daniel Rosenblatt: Ja. Und das war mir gar nicht lieb. Das waren die fünfziger Jahre des vorigen Jahrhunderts, eine harte, unfreundliche Zeit ohne Verständnis und ohne Mitgefühl. Sie hatten auch keine Ahnung von Gestalttherapie. Als ich ihnen erzählte, dass ich bei Laura Perls Therapie gemacht hatte und dass sie eine Gestalttherapeutin war, sagten sie: So etwas gibt es doch gar nicht; es gibt nur eine Gestalt-Psychologie in Deutschland, aber keine Gestalt-Therapie. Ich erwiderte: Aber da habe ich eine andere Erfahrung. Da sagten sie bloß: Was richtig ist, das sagen wir.

David Van Nuys: Oh Mann.

Daniel Rosenblatt: Wenn ich dort überleben wollte, musste ich die Klappe halten.

David Van Nuys: Ja. Und in dieser Zeit wurde nach dem gültigen Diagnoseschlüssel Homosexualität als Psychopathologie eingestuft. Wie haben Sie es geschafft, da durchzukommen? Das ist ja eine fürchterliche Infragestellung.

Daniel Rosenblatt: Ja, es war eine Bedrohung und hart für mich. Ich hatte es sehr schwer, und hatte bei der Fakultät keinen Rückhalt. Es war ein arger Kampf und eine fürchterliche Zeit.

David Van Nuys: Wurde auch mal in Frage gestellt, ob man Ihnen den Doktortitel überhaupt verleihen dürfe?

Daniel Rosenblatt: Ja, selbst das, aber irgendwann haben sie wieder eingelenkt. Sie waren in dieser Frage wohl selber sehr im Zwiespalt. Denn einerseits war es offiziell eine Psychopathologie, andererseits waren Gott weiß wieviel Mitglieder der Fakultät selber schwul oder wussten es von anderen Lehrenden. Und so nahm das altbekannte Versteckspiel seinen Lauf. Nach außen hin gaben sich alle streng, aber unter der Hand waren mir einige wohlgesonnen und benahmen sich mir gegenüber ausgesprochen freundlich. Ich las gerade heute eine Notiz über einen von ihnen, Frederick Mosteller,[2] inzwischen verstorben. Er war der Statistiker, der zum ersten Mal statistische Methoden auf soziale Daten anwandte und auch viel zur Erhebung quantitativer Daten beitrug. Er nahm in dieser Angelegenheit immer eine sehr wohlwollende Haltung mir gegenüber ein. Jeder für sich genommen, waren sie ganz anständig. Aber die Institution als ganze war fürchterlich. Es gab auch Selbstmorde in dieser Zeit; wenn ein Professor als Schwuler aufflog, nahm er sich das Leben. Und all solche Sachen. Eine schlimme Zeit.

David Van Nuys: Oh ja, wirklich tragisch. Wann war nun in Ihrem Leben der Punkt erreicht, dass Sie sich als schw …, als Therapeut zu erkennen gaben, der schwul ist?

Daniel Rosenblatt: Das war nach der Therapie mit Laura Perls. Auch wenn ich Versuche mit Heterosexualität gemacht habe, Freundinnen hatte und eine Beziehung, eigentlich war mir klar geworden, dass meine Präferenz nur auf Männer zielte. Laura und Fritz kamen aus dem Berlin der zwanziger und dreißiger Jahre und der Weimarer Republik. Diesen Leuten war es völlig schnurz, ob jemand schwul ist oder nicht. Also, sie betrachteten einen als menschliches Wesen und als Individuum. Sie kamen wirklich aus einer anderen Kultur und anderen Kreisen. Und in New York waren die meisten ihrer Freunde ebenfalls schwul. Dieses Milieu war so tolerant, dass es mir selber leichter fiel zu akzeptieren, wer ich bin, und dass ich eine eigene Würde habe und einen eigenen Wert - trotz der Moralauffassungen, die in der größeren Kultur damals vorherrschten. In der Bohème von New York – und sie waren Anarchisten – da nahm niemand daran Anstoß. Da ließ es sich dann auch leicht sagen, wie es ist, wer ich bin und wo ich zugehöre.

David Van Nuys: Und dann, haben Sie denn dann relativ schnell einen Klientenstamm entwickeln können?

Daniel Rosenblatt: Nein, ich war … Nach Harvard stand ich vor der Frage: Was willst du tun? Willst du unterrichten, willst du forschen oder willst du therapieren? Und ich sagte: ich will alles drei. Also habe ich zuerst geforscht und gelehrt. Aber dann, als ich als Therapeut anfing, da sagte Isadore From, er hätte nie eine Praxis so rasch wachsen sehen wie meine. – Isadore From hatte ich zum Therapeuten; Fritz und Laura waren seine Mentoren, und er hatte den Ruf, der beste Gestalttherapeut zu sein. – Also bei meiner Praxis kam alles sehr schnell in die Gänge, und wenn ich ehrlich bin, kann ich gar nicht genau sagen, warum. Mir war auch klar, wenn ich eine Praxis anfange, dann würde ich über mich nicht lügen. Als ich unterrichtete, da hatte ich gelogen, denn hätte ich gesagt, dass ich schwul bin, wäre ich geflogen.

David Van Nuys: Ja.

Daniel Rosenblatt: So war halt das New York der fünfziger und sechziger Jahre.

David Van Nuys: Ja.

Daniel Rosenblatt: Ich hätte also nicht ehrlich sein können. Aber als ich mit meiner eigenen Praxis anfing, da gab es keine Institution, der ich etwas vorschwindeln musste. Ich hab zwar kein Schild angebracht „Ich bin schwul". Aber wer mich fragte, bekam die Antwort. Die meisten Klienten, die zu mir kamen, waren von anderen meiner Klienten zu mir vermittelt worden. Ich nehme also an, dass dieses Thema zu dem dazugehörte, was sie vorher über mich austauschten.

David Van Nuys: Ja.

Daniel Rosenblatt: John hatte gesagt, er hätte es vorher nicht gewusst; ich meine John Drimmer, den Sie eingangs erwähnt hatten. Aber er fragte mich gleich in der ersten Sitzung, ob ich schwul sei. Ich sagte ja, und das wirkte sehr förderlich. Als er ging, sagte er, er hätte darüber nachgedacht, er hätte mich so direkt und ehrlich erlebt, und die Sitzung wäre so lebendig gewesen, dass er das nicht vergessen würde. Ein Thema war es allerdings für ihn gewesen.

David Van Nuys: Ja. Ihre Praxis geht also ihren Weg. Wir sind noch in der Zeit vor Stonewall, wenn ich das richtig sehe, und vor der ganzen ...

Daniel Rosenblatt: Oh ja, lange vor Stonewall.

David Van Nuys: ... vor Stonewall und der ganzen Schwulenbewegung. Und dann passiert Stonewall. Falls nicht alle unsere Hörer damit vertraut sind: das war eine Zeit des Aufstands gegen die Schikanierung von Schwulen in New York City, speziell in Greenwich Village, oder?

Daniel Rosenblatt: Ja genau. Alles begann in der Nacht, als Judy Garland starb.

David Van Nuys: Ahaa.

Daniel Rosenblatt: Und es fing an mit Transvestiten in der Stonewall-Bar, in der Bar „Stonewall Inn". Von den Bullen kamen wieder einmal Übergriffe. Und irgendwie beschlossen die Transvestiten ganz spontan, dass sie das nicht länger mitmachen wollten. Sie haben sich gegen die Bullen zur Wehr gesetzt und gegen sie gewonnen. Die Nachricht ging wie ein Lauffeuer durch die Medien. Das war der Auftakt der „Gay Liberation".

David Van Nuys: Ja. Und was war nun dann ...

Daniel Rosenblatt: Und und ...

David Van Nuys: Ok, sprechen Sie weiter.

Daniel Rosenblatt: ... aus meinem Blickwinkel als Gestalttherapeut, der in einem Gestaltmilieu lebte – Ich gehörte ja zum Leitungsteam des New Yorker Gestaltinstituts. Und wenn ich mich recht erinnere, waren alle anderen, mit Ausnahme von einem einzigen, schwul. Es war überhaupt kein Thema, ob jemand schwul ist. Hier hatte die Befreiung also längst stattgefunden.

David Van Nuys: Hm-hm.

Daniel Rosenblatt: Stonewall war also etwas, das sich in der größeren Kultur ereignete. Im kleineren Kreis war es schon vollzogen.

David Van Nuys: Was war für Sie als Therapeut und Mann der Unterschied zwischen der Zeit vor und nach Stonewall und der Schwulenbefreiung?

Daniel Rosenblatt: Pfff, also, meiner Ansicht nach muss man Stonewall als ein Ereignis in der größeren Kultur verstehen. Das Dramatische daran war, dass Schwule der Polizei und der Gesamtgesellschaft erklärten: Wir nehmen nichts mehr hin, wir wollen unser Recht. Betrachtet man aber nur die Bohème in Greenwich Village und die liberalen Kreise in New York, so war dieser Prozess dort längst erfolgt. Es war also etwas anderes, was Stonewall für die Gesamtgesellschaft einerseits, für die Subkultur andererseits bedeutete.

David Van Nuys: Genau.

Daniel Rosenblatt: In der Subkultur war es bereits geschehen.

David Van Nuys: Ja, für Sie und Ihr eigenes Leben war es längst Tatsache, nur für die Gesamtgesellschaft noch nicht.

Daniel Rosenblatt: Genau.

David Van Nuys: Gab es in ihrem Klientenstamm Unterschiede vor und nach dem Ereignis?

Daniel Rosenblatt: Im Großen und Ganzen: nein. Ich leitete schon lange eine schwule [Therapie-]Gruppe in New York. Es war sogar, glaub ich, die erste schwule [Therapie-]Gruppe in New York. Ich habe auch ein paar Recherchen darüber angestellt, kann allerdings nicht mit letzter Sicherheit sagen, ob es die erste oder die zweite Gruppe dieser Art war. Aber ich glaub, es war die erste. Die Befreiung und alles was dazugehört waren also bereits im Gang. Es gab da einige Patienten, die meiner Meinung nach tatsächlich in einer größeren Notlage steckten als andere. Für sie war es von großer Bedeutung, dass ihnen Stonewall nun Boden unter die Füße gab, so dass sie sich jetzt sicherer fühlen konnten. Eine Reihe meiner Klienten war ja beruflich sehr exponiert, und sie hatten wohl einiges an Vorurteilen und Diskriminierungen des kulturellen Umfeldes zu erleiden. Für sie war es nun leichter, zu ihrem Schwulsein zu stehen.

David Van Nuys: Und in den größeren Kreisen, in der schwulen Subkultur landauf landab, begann eine Periode des Feierns der Freiheit. Bis die Aidsepidemie einschlug. Mir scheint, Sie haben auch viel für schwule Männer getan, die von Aids getroffen wurden. Lassen Sie uns darüber etwas mehr reden. Welche Erfahrungen haben Sie dabei gemacht?

Daniel Rosenblatt: Ja, die Geschichte mit Aids. Wie Sie wissen, bin ich Jude. Als ich noch klein war, ereignete sich gerade der Holocaust, und es war entsetzlich. Ich kann mich noch sehr deutlich daran erinnern, als die ersten Menschen aus Europa zu uns fliehen mussten, wie grauenhaft das war. Und als der Zweite Weltkrieg ausbrach und Deutschland in Polen einmarschierte, da wurden auch Verwandte von mir in Polen in den Gaskammern umgebracht. Für einen Juden ist der Holocaust eine grauenvolle Geschichte. Später im Leben war ich dann Therapeut, leitete eine schwule Gruppe und hatte unter meinen Klienten sicher ein Drittel Schwule. Da kommt die Aids-

Epidemie, und unter den ersten 25 Menschen, die offiziell an Aids starben, war auch einer meiner Klienten. New York und San Francisco waren am schlimmsten betroffen, es war die Hölle, es war wie ein zweiter Holocaust. Man kann nicht einmal sagen, die Menschen wurden dezimiert, denn dezimieren bedeutet genau genommen, dass einer von zehn betroffen wäre. Aber es war nicht nur einer von zehn. Ich habe einmal alle meine schwulen Klienten zusammengezählt, die mit HIV infiziert waren oder an Aids starben, und ich kam auf 30 bis 40 Prozent. Das entspricht der damaligen Aidsrate in der schwulen Bevölkerung von San Francisco. Wenn Sie sich vorstellen können, wie es ist, dass 30 oder 40 Prozent ihrer schwulen Klienten infiziert sind oder sterben, dann haben Sie eine Vorstellung, wie grauenvoll das war.

David Van Nuys: Ja.

Daniel Rosenblatt: Es war wie ein Albtraum. Und die schwule Gruppe hörte auf, es waren einfach zu viele tot.

David Van Nuys: Oh Gott.

Daniel Rosenblatt: Es war überhaupt nur eine Handvoll übrig geblieben. Und auf wie vielen Beerdigungen waren wir gewesen, und wie oft hatten wir Gruppensitzungen an einem Krankenbett in einer Klinik. Und am Schluss blickten wir in die Runde, da waren wir nur noch drei oder vier, und da sagten wir: Von unserer Gruppe ist ja kaum noch was übrig. Hören wir auf.

David Van Nuys: Oh Gott.

Daniel Rosenblatt: Es war wirklich ein Albtraum. Heutzutage ist es sehr viel besser mit all den antiviralen Medikamenten und den Überlebensmöglichkeiten der Patienten. Aber als ich neulich eines der Gruppenmitglieder von damals wiedersah, sagte er zu mir: Weißt du noch, wie wir in das ... „Hotelzimmer" gekommen sind und „er" im Sterben lag, und als wir beide wieder draußen waren, wie wir nur noch geweint haben?

David Van Nuys: (Pause.) Und w-wie sind Sie ... Also, ich nehme an, Sie hatten auch nach Gruppen... nach dem Ende der Gruppe noch schwule Einzelklienten mit Aids.

Daniel Rosenblatt: Ja sicher. Wenn ich Patienten hatte, die infiziert waren, deshalb nicht mehr arbeiten konnten und mich auch nicht mehr bezahlen konnten, dann war das für mich ok. Das

Schreckliche war, anstatt dass ich Menschen behandeln konnte und sie in ein glückliches und erfolgreiches Leben gehen sah, stattdessen wurde ich ein Zeuge des Todes und leistete ihnen beim Sterben Beistand.

David Van Nuys: Ja, und was hielt Sie dabei aufrecht? Wieso haben Sie sich nicht in sich selber vergraben? Denn, das hört sich ja alles –

Daniel Rosenblatt: Was hätte ich denn machen sollen? Ich war froh und glücklich, dass ich selber nicht infiziert war. Und ich kam nicht auf die Idee, diese Menschen im Stich zu lassen, äh. Wie haben die Menschen im KZ überlebt? Also ehrlich gesagt, ich weiß es nicht, und ich war ja auch nicht in einem KZ. Ich hab einfach alles getan, was man versuchen kann. Aber wenigstens waren die meisten meiner Klienten gar schwul und waren nicht am Sterben. Aber es war schon eine fürchterliche, eine fürchterliche schlimme Zeit.

David Van Nuys: Ja, das hört sich so an wie ... Und Sie erwähnten dass etwa – Tatsächlich war ja nur ein Drittel ihrer Klienten schwul, so dass also wohl die anderen zwei Drittel hetero waren. Wie war es –

Daniel Rosenblatt: Ja, richtig.

David Van Nuys: Wie ist es, als schwuler Mann mit heterosexuellen Klienten zu arbeiten? Hat das bestimmte Vor- oder Nachteile?

Daniel Rosenblatt: Ja, es hatte einen Vorteil. Viele Frauen fühlten sich damit wohl besser. Sie fühlten sich nicht sexuell bedroht. Sie hatten nicht die Befürchtung, ich könnte mich an sie ranmachen. Die sonst übliche sexuelle Spannung zwischen Männern und Frauen war weniger ausgeprägt. Und das war sicher ein Pluspunkt.

David Van Nuys: Mhm.

Daniel Rosenblatt: Viele schwule Männer haben heterosexuelle Freundinnen, darüber ist auch schon viel geschrieben worden. Und ich glaube, sie schätzen daran besonders, dass die ganze sexuelle Ebene einfach keine Rolle spielt.

David Van Nuys: Ja.

Daniel Rosenblatt: Es gab auch ein paar heterosexuelle Frauen, die mich verführen wollten, die ein Kind mit mir wollten, usw. aber das waren seltene Fälle. Ich glaub, die meisten von ihnen empfanden unseren Abstand als einen Pluspunkt.

David Van Nuys: Und wie war's, wie war es mit Heteromännern?

Daniel Rosenblatt: Also, ich glaube, auch ein Heteromann hatte mich außer Konkurrenz gesehen. Und viele von ihnen machten mir Offenbarungen über ihre schwulen Erfahrungen und Gefühle. Ich kann jetzt nicht sagen, ob sie damit vielleicht einfach nur nett sein und mir Anerkennung zeigen wollten. Aber ich war wirklich beeindruckt, wie viele Heteromänner ungefragt ihre homosexuellen Gefühle, Erfahrungen oder Wünsche zum Thema machten.

David Van Nuys: Mhm.

Daniel Rosenblatt: Ich erinnere mich zum Beispiel an einen verheirateten Mann mit zwei Kindern. Der erzählte mir, dass er jede Nacht vor dem Einschlafen die Phantasie einer sexuellen Begegnung mit einem anderen Mann hätte. Dies war zwar kein besonders wichtiger Teil seines Lebens, sondern eher eingekapselt. Aber anscheinend fiel es ihm leichter, darüber mit einem schwulen als mit einem heterosexuellen Therapeuten zu reden.

David Van Nuys: Mhm. War es für Sie schwieriger im Hinblick auf die Gegenübertragung ... Also, Sie wissen ja, dass Heteromänner als Therapeuten manchmal ihre liebe Not mit der Anziehung zu Patientinnen haben. Und natürlich sind auch Fälle dokumentiert, wo sie es nicht geschafft haben, sich zurückzuhalten, dafür angeklagt wurden, und all sowas.

Daniel Rosenblatt: Also ich sage immer: Es gibt noch so viele attraktive Männer auf der Welt, da kann ich mich meinen Patienten ohne dies widmen. Ich kann mich der Attraktivität ja noch bei so vielen anderen hingeben. Es wäre wirklich unfruchtbar, wenn ich meine Patienten zum Ziel meiner Wünsche machen würde.

David Van Nuys: Ok. Und im Unterschied zu Heteroklienten, was war in der Arbeit mit schwulen Klienten anders?

Daniel Rosenblatt: Naja, manchmal waren sie kein bisschen anders. Die Menschen sind alle nur Menschen, und das ist auch ganz beruhigend. Allerdings in der schwulen Gruppe, da war wohl das Besondere, dass sie ein größeres Gefühl der Zusammengehörigkeit entwickelten. Im Kongress hat die Fraktion der Afro-Amerikaner einmal die Formulierung geprägt, dass sie einen „besonderen" Platz einnähmen. Sie seien nicht einfach gleich, sondern „besonders", weil sie nämlich miteinander das Objekt von Vorurteil und Diskriminierung sind. Und so hatte auch meine schwule Gruppe einen besonderen Schwung darin, schwule Belange gemeinsam anzupacken; und sie entwickelten ein gewisses Gefühl der Verwandtschaft miteinander.

David Van Nuys: Mhm. Sie hatten gesagt, letztlich seien die Menschen alle nur Menschen. Könnte denn dann auch ein heterosexueller Therapeut für Schwule erfolgreich sein?

Daniel Rosenblatt: Nun ja, Laura Perls war hetero, und sie war sicherlich sehr erfolgreich mit mir, also was meine eigene Person betrifft. Das ist ähnlich, wie wenn man fragt: Können männliche Patienten bei Frauen Therapie machen, können Frauen mit Männern arbeiten, können Heteropatienten zu schwulen Therapeuten gehen, können schwule Therapeuten mit Heteropatienten arbeiten? Ich glaube, wenn man ein kleines bisschen Vorstellungskraft besitzt und ein bisschen Mut und ein bisschen Erfahrung mitbringt, dann lassen sich all diese Unterschiede überwinden.

David Van Nuys: Ja gut.

Daniel Rosenblatt: Bei manchen Lesben trifft es wohl zu – aber ich hatte nicht viele als Klientinnen – dass sie lieber zu einer homosexuellen Frau als einem homosexuellen Mann in Therapie gehen. Und deshalb dachte ich bzw. sagte ich zu ihnen: Wo fühlen sie sich besser aufgehoben? Und da gehen sie am besten hin.

David Van Nuys: Ok. Können wir das Thema nochmal wechseln und auf Veränderung zu sprechen kommen? Wie sehen Sie, wie verstehen Sie den Vorgang der Veränderung? Oder haben Sie sogar eine Theorie der Veränderung?

Daniel Rosenblatt (lacht): Nein, die habe ich nicht. Ich glaube, Veränderung ist eigentlich ein Wunder. Sie ereignet sich wohl auf viele verschiedene Weisen. Eine dieser Weisen, die mir am liebsten wäre, ist, dass ein Mensch etwas aufgreift und in sich nachwirken lässt. Manchmal erzähle ich von meiner Fortbildungsarbeit mit Therapeuten, und darunter sogar einigen sehr begabten. Ich sage etwas zu ihnen, ich kann es hören, sie können es wiederholen, und doch ist es wie zum einen Ohr rein und zum andern Ohr wieder raus. Wissen sie noch, was ich sagte? Ja. Können sie es wiederholen? Ja. Macht es irgendeinen Unterschied? Nein.

David Van Nuys (lacht).

Daniel Rosenblatt: Es muss also irgendeinen inneren Prozess geben, der stattfindet und der in einen Unterschied mündet. Manchmal verhelfen Gestalttechniken und Gestaltexperimente dazu, dass Menschen eine Einsicht bekommen und sich schärfer und schneller wahrnehmen. Aber selbst dann müssen sie im Inneren noch mehr geschehen lassen, das zu einer Änderung führen kann. Nur dann können sie sich von herkömmlichen und rigiden Verhaltensweisen - von „verfestigten Gestalten", wie Laura Perls es nannte – verabschieden. Wir sprachen ja immer wieder von Experimenten und Risikobereitschaft.

David Van Nuys: Mhm.

Daniel Rosenblatt: Wenn sich Menschen darauf einlassen, im Kleinen neue Verhaltensweisen auszuprobieren, dann kann sich bei ihnen auch noch mehr verändern.

David Van Nuys: Ja. Ja. Wie Sie wissen, sind unter den Hörern dieser Sendung auch eine Reihe Studenten. Was würden Sie jemandem, der sich mit der Absicht trägt, Therapeut zu werden, als Rat mitgeben?

Daniel Rosenblatt: Also, ich würde ihm raten, selber in Therapie zu gehen, um mehr über sich selber herauszufinden. Denn wir alle sind reichlich blind für uns selbst. Ich selber auch. Ich war einmal in Psychoanalyse, bevor ich in Gestalttherapie ging. Eines Tages kündigte der Analytiker an, dass er in Urlaub ginge. Ich war ziemlich rebellisch und antwortete: Ja prima, dann brauche ich sie einen Monat lang nicht mehr zu sehen. Aber während ich das sagte, liefen mir die Tränen die Wange herunter. Ich hatte also auf einer bewussten Ebene gemeint: Es ist gut, dass sie weggehen. Aber irgendwo darunter passierte etwas ganz anderes, für das ich vollkommen blind war.

David Van Nuys: Mhm.

Daniel Rosenblatt: Und ich glaube, wir können wirklich mehr über uns herausfinden. Also – ich wollte dies nur als ein Beispiel erzählen, wie ahnungslos wir über uns selbst sein können.

David Van Nuys: Mhm.

Daniel Rosenblatt: Therapie ist der Ort, wo wir auf sehr persönliche, intime und direkte Weise erfahren können, wie blind wir für uns selbst und unsere Gefühle sein können. Deshalb kann ein Therapeut, nachdem er selbst in Therapie gegangen ist, um so offener dafür sein, wie Klienten sich sehen lernen können, je besser er sich selber sehen lernte.

David Van Nuys: Ok. Also sollte sich unser hypothetischer Student aufmachen und einen Therapeuten suchen. Was raten Sie ihm, wie er dabei auf dem Therapiemarkt am besten vorgeht?

Daniel Rosenblatt: Also zum einen kann er Freunde fragen. Und zum anderen kann er Erstgespräche mit verschiedenen Therapeuten vereinbaren und dann sehen, was dabei passiert. Und wenn er jemanden nicht mag, dann soll er bei ihm auch nicht bleiben.

David Van Nuys (lacht).

Daniel Rosenblatt: Ich glaube, es ist sehr wichtig, dass der Klient gegenüber dem Therapeuten ein gutes Grundgefühl hat.

David Van Nuys: Ok, gut. Dann danke ich Ihnen nochmals sehr, dass Sie heute bei mir auf Shrink Rap Radio zu Gast waren.

Daniel Rosenblatt: Und ich danke Ihnen für die Einladung.

Anmerkungen

1 Edward Gibbon, 1737-1794, englischer Historiker, Verfasser von „Aufstieg und Fall des römischen Reichs" (The History of the Decline and Fall of the Roman Empire).

2 C. Frederick Mosteller (1916-2006), erster Leiter des Statistischen Instituts von Harvard (1957-1969), später engagiert in Bio- und Medizinstatistik.

Erhard Doubrawa
WAS IST GESTALTTHERAPIE?

Der folgende Text ist entnommen aus: Lexikon Psychologie – Hundert Grundbegriffe. Hrsg. von Stefan Jordan und Gunna Wendt. Philipp Reclam jun. Stuttgart, 2005. Abdruck mit freundlicher Genehmigung des Verlages Philipp Reclam jun.

Als „Gestalttherapie" wird eine Ende der 1940er Jahre in den USA begründete Richtung der Psychotherapie bezeichnet, die vor allem darauf abzielt, die Wahrnehmungs- und Kontaktfähigkeit des Einzelnen zu stärken.

Entwickelt wurde die Gestalttherapie von den Psychoanalytikern Frederick S. (Fritz) und Laura Perls sowie dem Sozialphilosophen und Schriftsteller Paul Goodman. Als ihr theoretisches Grundlagenwerk gilt der von Fritz Perls, Ralph F. Hefferline und Paul Goodman verfasste Band Gestalt Therapy. Excitement and Growth in the Human Personality (1951, dt. in 2 Bänden: Gestalttherapie. Lebensfreude und Persönlichkeitsentfaltung und Gestalttherapie. Wiederbelebung des Selbst, 1979). Ihre Verbindung mit dem Jugendprotest (Goodman) und der Hippiekultur (Fritz Perls) popularisierte die Gestalttherapie in den 1960er Jahren, rückte sie aber auch in die Nähe von Aussteigertum. Inzwischen hat die Gestalttherapie den Anschluss an die klinisch-psychologische Diskussion und Forschung gefunden (u. a. Erving und Miriam Polster, Gestalt Therapy Integrated, 1973, dt. Gestalttherapie. Theorie und Praxis der integrativen Ge-

Erhard Doubrawa, 1955, Gestalttherapeut, Diplom-Sozialpädagoge und Diplom-Pädagoge, Gründer und Leiter der Gestalt-Institute Köln & Kassel GIK, Herausgeber der Gestalttherapie-Zeitschrift „Gestaltkritik". In seiner privaten Praxis arbeitet er mit Einzelnen, Paaren und Gruppen – auch als Supervisor und Coach. Er ediert eine Buchreihe zur Theorie und Praxis der Gestalttherapie (gikPRESS). – Buchveröffentlichungen von Erhard Doubrawa u. a. „Die Seele berühren: Erzählte Gestalttherapie", sowie (gemeinsam mit Stefan Blankertz) „Einladung zur Gestalttherapie: Eine Einführung mit Beispielen" und „Lexikon der Gestalttherapie".
Internetseiten: www.gestalt.de und www.gestaltkritik.de

stalttherapie, 1975). Die Gestalttherapie wurde über die Psychotherapie hinaus bald in den Bereichen Beratung, Pädagogik, Coaching und Organisationsberatung angewandt. Sie hat auch auf spätere psychotherapeutische Schulen gewirkt, so vor allem die Themenzentrierte Interaktion Ruth C. Cohns, das Neurolinguistische Programmieren Richard Bandlers und John Grinders sowie die Integrative Therapie Hilarion Petzolds.

Der Begriff „Gestalt" bezieht sich auf die Gestaltpsychologie, die Ende des 19. Jahrhunderts in Österreich und Deutschland entwickelt wurde. Die Gestaltpsychologen (u. a. Kurt Goldstein, Wolfgang Köhler, Kurt Lewin) befassten sich mit Wahrnehmungsvorgängen, die sie als ganzheitlichen Prozess beschrieben: Aus dem Hintergrund all dessen, was sinnlich wahrgenommen werden kann, werden sinnvolle Einheiten – „gute bzw. prägnante Gestalten" – gebildet, die sich aus den Interessen und aus dem Vorwissen des Wahrnehmenden ergeben. Die Begründer der Gestalttherapie machten sich diese Erkenntnisse zunutze. Sie fragen, welche psychischen Mechanismen dazu führen, dass Menschen keine prägnanten Gestalten bilden, wie ihre Bedürfnisbefriedigung darunter leidet und wie therapeutische Interventionen aussehen müssen, um zu einer guten Gestaltbildung zurückzufinden.

Probleme bei der Gestaltbildung können nach Auffassung der Gestalttherapie etwa auftreten, wenn das aktuell Wahrzunehmende von Erfahrungen, die früher gemacht wurden, überlagert wird. In diesem Fall wird nämlich nicht mehr wahrgenommen, was da ist, sondern eher, was erhofft oder befürchtet wird. Das in der Vergangenheit Erfahrene oder Gelernte wird auf das Gegenwärtige projiziert.

Mit der Konzentration auf die (aktuelle) Wahrnehmung widerspricht die Gestalttherapie der psychoanalytischen Fixierung auf die Vergangenheit (Geburtstrauma, Kleinkindphasen) und wendet sich der Gegenwart zu. Auch auf dem Gebiet der Beziehung des Therapeuten zum Klienten setzt die Gestalttherapie andere Akzente als die Psychoanalyse. Der Gestalttherapie geht es um eine aktive, dialogische Beziehung zwischen Klient und Therapeuten. Die therapeutische Beziehung selbst ist das Experimentierfeld, auf dem der Therapeut den Klienten einlädt, sein Wahrnehmungs- und Kontaktverhalten sowie eventuelle Problempunkte zu erforschen (Erhard Doubrawa / Stefan Blankertz, Einladung zur Gestalttherapie. Eine Einführung mit Beispielen, 2003).

Heilung oder Veränderung geschieht nach dem Verständnis der Gestalttherapie paradox: Sie wird nicht geplant, sondern stellt sich vielmehr dadurch ein, dass der Klient sich erforscht, sein So-Sein würdigt und sich damit aussöhnt (Arnold R. Beisser, „Die paradoxe Theorie der Veränderung", in: Ders., Wozu brauche ich Flügel? Ein Gestalttherapeut betrachtet sein Leben als Gelähmter, 1997). Denn das, was ihm heute Probleme bereitet, waren früher kreative Problemlösungen, die nun allerdings nicht mehr „passen", d. h. nicht mehr hilfreich sind.

Im Zusammenhang mit der Begegnung von Therapeut und Klient bekommt die dialogische Philosophie Martin Bubers große Bedeutung für die Gestalttherapie (Ich und Du, 1922). Buber unterscheidet zwischen Ich-Es-Beziehung (das Gegenüber wird als „Sache" behandelt) und Ich-Du-Beziehung (dem Gegenüber wird als Subjekt begegnet). Seine Philosophie wird von der Gestalttherapie als Aufforderung an den Therapeuten verstanden, mit dem Klienten in einen heilenden Dialog einzutreten, in welchem die Gesprächspartner sich gegenseitig als verantwortliche Subjekte erleben (Heilende Beziehung. Dialogische Gestalttherapie, hrsg. von Erhard Doubrawa und Frank-M. Staemmler, 2003). In diesem Dialog kann der Therapeut eine Vielzahl von Methoden so anwenden, wie es der Persönlichkeit des Klienten und seiner eigenen entspricht – therapeutische Gespräche, Gewahrseinsübungen, Rollenspiele, körperorientierte Interventionen sowie der Umgang mit kreativen Ausdrucksmitteln wie Ton, Papier und Farbe.

Literaturhinweise

Laura Perls: Leben an der Grenze, Köln 1989. (2) 1999.
Reinhard Fuhr [u. a.] (Hrsg.): Handbuch der Gestalttherapie, Göttingen 2001.
Stefan Blankertz / Erhard Doubrawa: Lexikon der Gestalttherapie, Kassel 2017.
Lotte Hartmann-Kottek: Gestalttherapie. Berlin [u. a.] 2004.
Markus Hochgerner [u. a.] (Hrsg.): Gestalttherapie. Wien 2004.

EINEN GESTALTTHERAPEUTEN FINDEN

Die Gesetze und Standesregeln verbieten Psychotherapeuten ebenso wie Ärzten, für sich zu werben. Darum ist es gar nicht so leicht für einen Klienten, zu einem Therapeuten zu finden, der zu einem passt. Es ist sogar ziemlich schwierig, überhaupt herauszufinden, welcher der zahlreichen therapeutischen Richtungen ein Therapeut angehört.

Der Gestalttherapeut Erhard Doubrawa hat deshalb den „Therapeutenadressen-Service" gegründet. Dieser Dienst ist Interessenten behilflich, eine Gestalttherapeutin oder einen Gestalttherapeuten in ihrer Nähe ausfindig zu machen. Eine nach Postleitzahlen geordnete Liste mit Praxisadressen zur Gestalttherapie kann per Post angefordert (Therapeutenadressen Service, Ludwig-Erhard-Str. 8, 34131 Kassel; bitte 1,45 € Rückporto in Briefmarken beifügen) oder im Internet abgerufen werden:

www.therapeutenadressen.de
oder
www.gestalttherapie.de

LITERATUREMPFEHLUNGEN
aus der Edition der Gestalt-Institute Köln und Kassel

I. Gestalttherapie – zur Einführung

Erhard Doubrawa und Stefan Blankertz, **Einladung zur Gestalttherapie**. Eine Einführung mit Beispielen, Wuppertal [2]2013: Peter Hammer Verlag. – Zehn Jahre nach ihrem ersten Erscheinen gibt es die viel beachtete „Einladung" jetzt als Taschenbuchausgabe. Sie bietet eine leicht verständliche Einführung in die Gestalttherapie. In einem erzählenden, sehr persönlichen Stil zeigen die Autoren, wie das zugrunde gelegte humanistische Menschenbild der Gestalttherapie ihre Ziele bestimmt: Mündigkeit und seelisches Wachstum des Klienten. Zahlreiche Beispiele machen das Buch zu einer anschaulichen Einstiegslektüre.

Erhard Doubrawa, **Die Seele berühren**. Erzählte Gestalttherapie, Wuppertal 2011: Peter Hammer Verlag. – In seinem Buch veröffentlicht der Autor, der seit vielen Jahren als Gestalttherapeut tätig ist, Geschichten, die er vielfach in seiner Arbeit mit Einzelnen, Paaren und Gruppen erzählt hat. Sie haben schon oft dazu beigetragen, dass Menschen sich wieder öffnen und sich so von anderen seelisch berühren lassen können. Ein Klassiker der Gestalttherapie, jetzt in erweiterter Taschenbuchausgabe.

II. Gestalttherapie – persönliche Zeugnisse

Daniel Rosenblatt, **Gestalttherapie für Einsteiger**. Eine Anleitung zur Selbstentdeckung, Wuppertal 2009: Peter Hammer Verlag. – Neben dem legendären Text von 1975, in welchem es Daniel Rosenblatt (1925-2009) gelingt, eine praktische Demonstration der Gestalttherapie zu geben, enthält dieser Band Fallbeispiele aus der therapeutischen Praxis von Daniel Rosenblatt sowie ein Interview, das Anna und Milan Sreckovic mit ihm führten.

Arnold R. Beisser, **Wozu brauche ich Flügel?** Ein Gestalttherapeut betrachtet sein Leben als Gelähmter, Wuppertal [5]2005: Peter Hammer Verlag. – „Veränderung geschieht, wenn jemand wird, was er ist, nicht wenn er versucht, etwas zu werden, das er nicht ist." Arnold R. Beisser, der diesen Satz in einem frühen Beitrag zur Gestalttherapie schrieb, hatte an der Stanford Universität Medizin studiert und gerade die nationalen Tennismeisterschaften gewonnen, als er im Alter von 25 Jahren an Kinderlähmung erkrankte und fast vollständig gelähmt wurde. In seinem Buch schildert Beisser eindrucksvoll seine Versuche, mit diesem radikalen Einschnitt in sein Leben fertig zu werden. Dies Buch enthält u. a. Arnold Beissers Artikel „Die paradoxe Theorie der Veränderung", aus dem obiges Eingangszitat stammt und der mit Fug und Recht als Klassiker der Gestalttherapie bezeichnet werden kann.

III. Gestalttherapie – die spirituelle Dimension
Stephen Schoen, **Wenn Sonne und Mond Zweifel hätten.** Gestalttherapie als spirituelle Suche, Köln & Kassel 2016: gikPRESS. – „Dieses Buch handelt von der spirituellen Dimension des Kontaktes zwischen Therapeuten und Klienten, besonders aus der Perspektive der Gestalttherapie. Und bitte, lasst es mich gleich am Anfang sagen, falls Euch diese religiöse Wortwahl überraschen sollte: Habt Geduld mit mir! Wie Monsieur Jourdain in Molières Theaterstück, der verwundert war festzustellen, dass er sein ganzes Leben lang ‚Prosa geredet' hatte, könnte es für Euch Therapeuten und Klienten verblüffend sein, wenn Ihr erkennt, daß Ihr ‚immer etwas Spirituelles tut'." Stephen Schoens Buch umfasst eine Reihe von Vorträgen zum Thema Gestalttherapie und Spiritualität, die er an den „Gestalt-Instituten Köln und Kassel (GIK)" gehalten hat. In seiner Einleitung zu dieser Sammlung beschreibt er die Entstehung seiner Ideen im Kontext seines biographischen Hintergrundes und gibt uns Einblick in seinen eigenen Entwicklungsprozess. Zutiefst berührend ist, davon zu erfahren, wie sich in ihm der einst erfahrene Mangel an liebevollen Beziehungen zu einem Reichtum wandelte, der ihn befähigt, seinen Klienten die Erfahrung eines heilsamen Kontakts zu ermöglichen. Es mag überraschen, zu sehen, wie im Verlaufe dieser Entwicklung aus einem schüchternen und ängstlichen Kind ein kontaktfreudiger und liebevoller Mann wurde.

VI. Gestalttherapie – die politische Dimension
Stefan Blankertz, **Gestalt begreifen:** Ein Arbeitsbuch zur Theorie der Gestalttherapie, Wuppertal [5]2012: Peter Hammer Verlag. – Dies Buch beschäftigt sich damit, wie gestalttherapeutische Praxis und gesellschaftskritische Theorie miteinander verzahnt sein müssen, damit aus Gestalttherapeuten keine Anpassungstechniker werden. Es ist die Quintessenz aus Stefan Blankertz' mehr als 40 Jahren Studien zu Paul Goodman, über 25 Jahren Reflexion therapeutischer Theorie und 20 Jahren Erfahrung in der Aus- und Weiterbildung von Gestalttherapeuten. Es stellt gleichzeitig eine Lesehilfe für das berühmt-berüchtigte Grundlagenwerk der Gestalttherapie von Perls-Hefferline-Goodman dar. Hilarion Petzold, der Nestor der deutschen Gestalttherapie und international renommierter Wissenschaftler, hat sich wie folgt zu diesem Buch geäußert: „Der Text von Blankertz könnte, wenn man sich mit ihm bzw. mit dem, was aus ihm folgen müsste, gründlich auseinandersetzen würde, einer der wichtigsten Texte aus neuerer Zeit für die Gestalttherapie und die Gestaltszene werden."

V. Gestalttherapie – das Lehrbuch
Erving und Miriam Polster, **Gestalttherapie.** Theorie und Praxis, Wuppertal [3]2001: Peter Hammer Verlag. – Miriam u. Erving Polster gehören zu den bekanntesten und profiliertesten Gestalttherapeuten der Welt. Vor fast 30 Jahren veröffentlichten sie ihr nun wieder – als erweiterte Neuauflage – vorliegendes Grundlagenwerk der Gestalttherapie, das auch heute noch das wichtigste Lehrbuch der Gestalttherapie ist. Seit über 40 Jahren haben Miriam und Erving Polster Gestalttherapeuten aus vielen Ländern ausgebildet und auf ihre besondere Weise geprägt: Immer wieder betonen sie, dass es Wohlwollen und Achtung der Therapeuten sind, die es den Klienten in der Gestalttherapie ermöglichen, sich angstfrei zu öffnen und so neue bereichernde Erfahrungen zu machen.

VI. Gestalttherapie – das Lexikon
Stefan Blankertz u. Erhard Doubrawa, **Lexikon der Gestalttherapie**, Köln & Kassel 2017: gik press. – In übersichtlicher, systematischer und zugänglicher Form erläutert dieses Lexikon die Begriffe der Ge-

stalttherapie (u.a. Aggression, Deflektion, Introjektion, Konfluenz, Kontakt, Projektion, Retroflektion, Selbst usw.) und stellt die Ideen und das Leben der Begründer Laura Perls, Fritz Perls und Paul Goodman, sowie die Weiterentwicklung der Gestalttherapie bis heute dar. Es beleuchtet die vielfältigen Wurzeln und Einflüsse der Gestalttherapie wie Gestaltpsychologie, Psychoanalyse, Phänomenologie, Existenzialismus, Holismus, Wilhelm Reich, Martin Buber usw. Den zentralen Stichworten ist die Etymologie vorangestellt, die interessante Dimensionen eröffnet. Dies Lexikon ist die erste lexikalisch-systematische Aufarbeitung der Gestalttherapie und ein unverzichtbares Hilfsmittel für jeden, der sich mit den Erkenntnissen dieses Therapieansatzes beschäftigen möchte.

DAS MAGAZIN

für Leser, die ihr eigenes Verhalten – und das ihrer
Mitmenschen – besser verstehen möchten und
Antworten suchen rund um die großen Themen

IHRES LEBENS

Gestalttherapie

Workshops, Gruppen, Beratung, Aus- u. Weiterbildung
für Menschen mit professionellem
Weiterbildungsinteresse und für alle, die persönliche
Wachstumswünsche haben.

Veranstaltungsorte: Köln und Kassel

Programme und Termine bitte erfragen,

oder informieren Sie sich auf **www.gestalt.de**

Gestaltkritik:
Die Zeitschrift für Gestalttherapie

www.gestaltkritik.de

Artikel, Archiv und die Programme der
Gestalt-Institute Köln und Kassel (GIK)

Gestalt-Institute Köln & Kassel (GIK)
Institutsleitung: Erhard Doubrawa
GIK Kassel ▪ Hunrodstr. 11 ▪ 34131 Kassel
Fon: 0800 - GESTALT bzw. 0800 - 4 37 82 58
eMail: gik@gestalt.de · www.gestalt.de

www.gestalt.de

Stefan Blankertz und Erhard Doubrawa, **Lexikon der Gestalttherapie**, 347 Seiten, 19,80 €, eBook 12,99 €.

Victor Chu, **Neugeburt einer Familie:** Familienstellen in der Gestalttherapie, 461 Seiten, 27,80 €, eBook 17,99 €.

Erhard Doubrawa, **Touching the Soul in Gestalt Therapy**, Stories and more, 146 Seiten, 16,80 €, eBook 9,99 €.

Erhard Doubrawa u. Frank-M. Staemmler (Hg.), **Heilende Beziehung: Dialogische Gestalttherapie**, 240 S., 22,80 €, eBook 14,99 €.

Paul Goodman, **Kleine Gebete**, nachgedichtet von Marie T. Martin und Stefan Blankertz, mit 12 Farbimpressionen von Georgia von Schlieffen, 156 Seiten, Hardcover, 29,80 €.

Cornelia Muth, **Das Zwischen?!** Eine dialog-phänomenologische Perspektive, 80 Seiten, 12,80 €, eBook 4,99 €.

Bruno M. Schleeger, ... **und wo ist das Problem?** ... Zen-Buddhismus und Gestalttherapie, 428 Seiten, 28,80 €, eBook 18,99 €.

Stephen Schoen, **Wenn Sonne Mond Zweifel hätten:** Gestalttherapie als spirituelle Suche, 118 Seiten, 14,80 €, eBook 9,99 €.

Frank-M. Staemmler und Werner Bock, **Ganzheitliche Veränderung in der Gestalttherapie**, 150 Seiten, 21,80 €, eBook 13,99 €.

Barry Stevens und Carl R. Rogers u. a., **Von Mensch zu Mensch: Möglichkeiten, sich und anderen zu begegnen,** 280 Seiten, 23,80 €, eBook 15,99 €.

Gordon Wheeler und Stephanie Backman (Hg.), **Gestalttherapie mit Paaren**, 381 Seiten, 27,80 €, eBook 17,99 €.

Gestaltkritik: Die Zeitschrift für Gestalttherapie. Jahrbücher 2013 und 2014. Je über 300 Seiten. Je 29,80 €.

Ausführliche Leseproben finden Sie auf unserer Homepage **www.gestalt.de** – *Weitere Titel folgen in Kürze.*

Herausgeber: Erhard Doubrawa
Gestalt-Institute Köln & Kassel (GIK)
GIK Kassel · Hunrodstr. 11 · 34131 Kassel
Fon: 0800 - GESTALT bzw. 0800 - 4378258
eMail: gik@gestalt.de · www.gestalt.de

gikPRESS

Erhard Doubrawa und
Frank-M. Staemmler
(Herausgeber)

Heilende Beziehung:
Dialogische
Gestalttherapie
240 Seiten
22,80 €, eBook 14,99 €
Die dialogische
Philosophie Martin
Bubers gehört zu den
wichtigsten Quellen der
Gestalttherapie. Sie hat
nicht nur Auswirkungen
auf das Verständnis von
der therapeutischen Beziehung, sondern z. B. auch auf Fragen der
Diagnostik und Technik gehabt.

Die in diesem Buch zusammengestellten Texte geben einen
Eindruck von der Person Martin Bubers und seinem Werk und
befassen sich eingehend mit jenen Dimensionen der
gestalttherapeutischen Theorie und Praxis, die durch sein Denken
maßgeblich beeinflusst wurden.

by gikPRESS · ISBN 978-3-7392-4992-6

Stefan Blankertz
und Erhard Doubrawa
Lexikon der
Gestalttherapie
347 Seiten
19,80 €, eBook 12,99 €

Das »Lexikon der
Gestalttherapie«
beschreibt in
übersichtlicher und
leicht zugänglicher Form
die gestalt-
therapeutischen
Fachbegriffe
(u. a. Aggression,
Deflektion, Introjektion, Konfluenz, Kontakt, Projektion,
Retroflektion, Selbst).

Es stellt die Ideen und das Leben der Begründer (Fritz Perls,
Laura Perls und Paul Goodman) sowie die Weiterentwicklung der
Gestalttherapie bis heute dar. Außerdem beleuchtet es die
vielfältigen Wurzeln der Gestalttherapie wie Gestaltpsychologie,
Psychoanalyse, Phänomenologie, Existenzialismus, Holismus,
Sigmund Freud, Wilhelm Reich, Martin Buber usw.

Dieses Lexikon ist die erste lexikalisch-systematische Aufarbeitung
der Gestalttherapie und ein unverzichtbares Hilfsmittel für jeden,
der sich mit den Erkenntnissen dieses Therapieansatzes beschäftigen
möchte.

by gikPRESS · ISBN 978-3-7431-6244-0

Barry Stevens
und Carl R. Rogers u. a.

**Von Mensch zu
Mensch:**
*Möglichkeiten, sich und
anderen zu begegnen*
280 Seiten
23,80 €, eBook 15,99 €
Dieses Buch stammt aus
dem Jahre 1967.
Fasziniert spüren wir
beim Lesen die
unbekümmerte Frische,
die Aufbruchstimmung
und die Hoffnung jener
Zeit. Der Aufruf der beiden Autoren, des Gesprächstherapeuten
Carl R. Rogers und der Gestalttherapeutin Barry Stevens, zu einem
freien, selbstbestimmten und glücklichen Leben hat an Aktualität
bis heute nichts verloren.

Schon die unvergleichliche Gestalt dieses Buches ist ein wirklich
beachtliches Projekt: Barry Stevens sammelte einige grundlegende
Artikel zur Gesprächstherapie von Carl R. Rogers, Eugene T.
Gendline, John M. Shlien und Wilson van Dusen. Dazu beschrieb
sie ihren eigenen inneren Prozess beim Lesen dieser Beiträge: ihre
Reaktionen, Gedanken, Erinnerungen, Erfahrungen ... So verbinden
sich auf eine einzigartige Weise Wissenschaft und Lebenspraxis.

by gikpress · ISBN 978-3-7392-4994-0

Impulse zur seelischen Ganzwerdung
Robert A. Johnson, *Das Gold im Schatten*
Abraham Maslow, *Jeder Mensch ist ein Mystiker*

Gestalttherapie – Einführungen
Erhard Doubrawa und Stefan Blankertz, *Einladung zur
Gestalttherapie: Eine Einführung mit Beispielen*
Erhard Doubrawa, *Die Seele berühren: Erzählte Gestalttherapie*
Daniel Rosenblatt, *Gestalttherapie für Einsteiger:
Eine Anleitung zur Selbstentdeckung*

Gestalttherapie – Bibliothek
Arnold Beisser, *Wozu brauche ich Flügel? Ein Gestalttherapeut
betrachtet sein Leben als Gelähmter*
Stefan Blankertz, *Verteidigung der Aggression: Gestalttherapie als Praxis
der Befreiung*
Judith R. Brown, *Zwei in einem Sieb: Märchen als Wegweiser für Paare*
Stephen Schoen, *Die Nähe zum Tod macht großzügig:
Ein Therapeut als Helfer im Hospiz*

Gestalttherapie – Klassiker
Stefan Blankertz, *Gestalttherapie Essentials: Das Wichtigste
aus dem Grundlagenwerk von Perls, Hefferline und Goodman*
George Dennison, *Gestaltpädagogik in Aktion*
Erving Polster, *Zugehörigkeit: Eine Vision für die Psychotherapie*
Erving und Miriam Polster, *Gestalttherapie: Theorie und Praxis
der integrativen Gestalttherapie*
Erving und Miriam Polster, *Das Herz der Gestalttherapie:
Beiträge aus vier Jahrzehnten*
Barry Stevens, *Don't Push the River: Gestalttherapie an ihren Wurzeln*

Gestalttherapie – Arbeitsbücher
Stefan Blankertz, *Gestalt begreifen: Ein Arbeitsbuch zur Theorie der
Gestalttherapie*
Bernd Bocian, *Fritz Perls in Berlin 1893-1933: Expressionismus –
Psychoanalyse – Judentum*
Robert L. Harman (Hg.), *Werkstattgespräche Gestalttherapie*
Peter Mortola, *Einführung in die Psychotherapie mit Kindern und
Jugendlichen: Das Praxisbuch zum Violet-Oaklander-Training*
Michaela Pröpper, *Gestalttherapie mit Krebspatienten: Eine Praxishilfe
zur Traumabewältigung*
Gordon Wheeler, *Jenseits des Individualismus: Für ein neues
Verständnis von Selbst, Beziehung und Erfahrung*

Heilende Texte
Martin Buber für Gestalttherapeutinnen und Gestalttherapeuten,
ausgewählt und kommentiert von Cornelia Muth

Edition der Gestalt-Institute Köln & Kassel (GIK) im Hammer Verlag   hg. v. Erhard Doubrawa

Praxisadressen

von Gestalttherapeutinnen und -therapeuten

Liste nach Postleitzahlen und weitere Infos
...im Internet:

www.therapeutenadressen.de

www.gestalttherapie.de

...oder für 1,45 € in Briefmarken:

**Therapeutenadressen Service
Ludwig-Erhard-Straße 8, 34131 Kassel**